常春藤传记馆

温儒敏／主编

天意从来高难问

李清照传

孙 娜 著

長春出版社
国 家 一 级 出 版 社
全国百佳图书出版单位

图书在版编目(CIP)数据

天意从来高难问：李清照传 / 孙娜著. —长春：长春出版社，2021.12

(常春藤传记馆 / 温儒敏主编)

ISBN 978-7-5445-6511-0

Ⅰ. ①天… Ⅱ. ①孙… Ⅲ. ①李清照(1084-约1151)-传记 Ⅳ. ①K825.6

中国版本图书馆 CIP 数据核字(2021)第 240870 号

天意从来高难问:李清照传

著　　者:孙　娜
责任编辑:闫　言
封面设计:长春出版社美术设计制作中心

出版发行:長春出版社　　总编室电话:0431-88563443
编辑室电话:0431-88525948　　发行部电话:0431-88561180
地　　址:吉林省长春市长春大街 309 号
邮　　编:130041
网　　址:www.cccbs.net
制　　版:荣辉图文
印　　刷:吉林吉达印刷有限公司
经　　销:新华书店

开　　本:880 毫米×1230 毫米　1/32
字　　数:90 千字
印　　张:6.375
版　　次:2021 年 12 月第 1 版
印　　次:2022 年 1 月第 1 次印刷
定　　价:25.80 元

总 序

温儒敏

十多年前，我主持人民教育出版社高中语文教材的编写，其中选修课就专门设置有《中外传记选读》一种，我自己还动手编写了这本教材。因为受高考“指挥棒”影响，一般学校的选修课未必真能让学生自主选修，很多选修教材编出来都没有使用，但《中外传记选读》一直很受欢迎，每年都有重印。这让我对传记的阅读推广有了特别的关注。

我还注意到最近三四年高考语文试题命制的一种趋向，无论全国卷还是其他省市卷，阅读题往往都选传记作为材料。比如今年（2016 年）全国卷的甲、乙、丙三个卷子，文言文阅读的材料全是传记，包括《明史·陈登云传》（甲卷）、《宋史·曾公亮传》（乙卷）和《明史·傅珪传》（丙卷）；现代文阅读的实用类文本也多用传记，节选了《吴文俊传》和《陈忠实传》。可见传记阅读越来越受到重视，考试也有意往这方面引导。

中小学语文教材也应当多选一些传记。现在教育部正组织编写一套新的义务教育语文教科书，聘我担任总主编，这套新教材就选了不少名人传记，并鼓励学生多读传记。

为什么中小学生要多读传记？我曾在《中外传记选读》的前言中说过理由，这里不妨转述一下：

> 同学们都渴望能拥有健全、快乐和成功的人生，现在的学习阶段就在做准备，而且其本身就已经是你人生经历的一部分。我们该怎样设计自己的人生？当然最重要的还是学习。除了学习文化知识，还要从历史人物或者成功的人物身上学习宝贵的生活道理、人生哲学以及获取成功的途径。这就是励志教育，是人生教育中非常重要的部分。人都需要不断添加生活的动力，特别是在年轻的时候，要有偶像和楷模，有高远目标的激励。如同英国思想家培根所说过的："用伟人的事迹激励我们，远胜一切的教育。"让同学们从

那些杰出的成功的人物身上吸取人生的经验，从前人多种人生道路的选择中寻找我们各自的“契合点”，这就是我们设立这门课的主要目的。

这里说的“设立这门课的主要目的”，其实也是我们推出这套“常春藤传记馆”丛书的目的。

“常春藤传记馆”丛书由北京大学语文教育研究所组织编写，长春出版社出版。全套丛书初步设定为100种，每本10万字左右，其选目、内容和写法都是为中小学生“量身定制”的。我们希望这套丛书能作为基本图书进入中小学图书馆。和其他同类传记图书相比，“常春藤传记馆”丛书有四个特色：

一是传主覆盖范围广。包括中外古今各个领域的名人，涉及政治、军事、科学、实业、社会活动、文学、艺术、革命等领域。重点考虑有代表性的、在精神层面可以给学生激励的那些名人。

二是和课程教学有呼应。中小学除了语文，各个学科的教材和教学都会涉及中外古今各个领域的著名人物，选择主题首先考虑这一情况，选取学生有所接触又可能希望进一步了解的那些名人。这可以满足学生不同的兴趣爱好。

三是专门为中小学生编写。本套传记不是专业性强的评传，而是重在勾勒传主生平事业贡献的小传，内容和文字力求深入浅出，生动形象，有趣有味。阅读对象接受水平可以定位在初中程度，也可以稍高一点。特别是有些理科方面的传记，主要面对高中生。其实，小学生的课外阅读也要取法乎上，他们可以读这套为中等文化水平的读者设计的书。

四是内容安排上特别注重励志及健全的人格心理引导培养，在叙说传主生平事迹时，适当地自然地凸显这些方面的思考。

丛书取名“常春藤传记馆”，有特别的含义。“常春藤”是一种多年生常绿藤类灌木。美国哈佛大学等几所著名的私立大学，组成体育联盟，叫“常春藤盟校”，其起名是因为这些老校的校舍墙上常攀缘有常春藤。本丛书以“常春藤传记馆”作为标识，是虚拟的意象，可以联想到著名的学府，也可以联想到古代的书院，从而营造浓郁的阅读氛围和宁静的心境。另外，“常春”和“长春”同音，暗含这套丛书是由长春出版社出版的。

但愿广大师生喜欢这套书，也期盼大家提出批评建议，共同来经营好这套书，让“常春藤传记馆”更好地满足广大读者，特别是中小学生课外阅读的需求，满足语文教学的需求。

2016 年 6 月 30 日济南历下

（温儒敏，山东大学一级教授，北京大学中文系教授，教育部聘义务教育语文教科书总主编）

目录

contents

引 子

北宋元丰七年（1084 年），新党与旧党的争斗一如往昔，互相攻讦倾轧。正当壮年的神宗皇帝却日益憔悴。此时“熙宁变法”已名存实亡，王安石隐居江宁多年，神宗摇摆于新旧两党之间，极力维持着两党的平衡，弄得心力交瘁，健康每况愈下。但让他欣慰的是，此时国库充盈，“太平时、朝野多欢民康阜”。

这一年，司马光完成了对《资治通鉴》的修订，十一月奏进给神宗皇帝。神宗皇帝将书的每编首尾盖上了睿思殿图章以示重视，以其书“有鉴于往事，以资于治道”之故赐名《资治通鉴》，并亲为写序。十二月初三，神宗降诏擢升司马光为资政殿学士，迁范祖禹为秘书省正字。

六七月间，黄庭坚前往德州德平镇赴任。他

因反对新法被“移监德平”，成为德平镇的镇监，负责管理集市、监督税收与维持治安。在这里他写下了流传千古的名句——桃李春风一杯酒，江湖夜雨十年灯。赴任途中，他遇到了陈师道。陈师道师从曾巩，文名早著。当他看到黄庭坚的诗作时，大为折服，决定学习黄庭坚的诗歌创作风格。陈、黄二人不仅在文学方面兴趣相投，在政治主张上也高度一致，皆反对新法。陈师道甚至因为反对王安石以经义之学取士而不应试，直到他 35 岁才做了徐州州学教授。他婉拒了苏轼收其为徒的提议，但在诗歌创作中对黄庭坚“执弟子礼”。从此，黄、陈二人成了知己，诗歌唱和、书信往来不断。最终二人因相似的诗歌创作理念被后人列为“江西诗派”的“三宗”。

与此同时，支持变法的赵挺之出任德州通判。赵挺之与陈师道是连襟，他们二人却因政见不同而水火不相容。赵挺之是一位中规中矩的官员，在处理政务上很有谋略，谋定而后动。在与蔡京的斗争中，他显现了北宋文人典型的忧国忧民的特质。但他与黄庭坚注定会因为政见上的分歧而成为仇敌。赵挺之想在德平镇推行“市易法”，即通过政府管理市场贸易增加税收。镇监黄庭坚则称德平地狭民穷，若实行“市易法”，聚集起来的民众必然星散而去，遂拒绝执行新法。二人为此唇枪舌剑，争论不休，最后赵挺之也奈何不了黄庭坚。

元丰七年（1084 年），虽然呈现出一派太平盛世的景象，但无论新党还是旧党都没想到，这一年，北宋王朝命运的转折点即将到来。这一年，郓州一个不起眼的小官李格非喜得一女，起名清照。从此，李清照的一生便成为北宋王朝消亡的印证，她的诗词贯穿了北宋后期到南宋初期五十余年的时间，字里行间浸润了她对宋王朝繁华与没落的喜悦和悲恸。

第一章 家有豆蔻女

幼时光阴

“父亲，您上次信里说写文作诗都要有一个‘诚’字，这个‘诚’是什么意思呢？”8岁的李清照用稚嫩的童音一板一眼地问着。

李格非想了想，说：“写文章时态度不可以随便，必须要有‘诚心’，否则就不可能把文章写得很好。你看晋朝会写文章的人很多，但只有刘伯伦写的《酒德颂》和陶渊明写的《归去来兮辞》读起来最为感人，文中的字句像从肺腑中流淌出来的一样，要远胜当时的其他文章。”

“那怎么样才能做到有诚心呢？”

“一字一句都要出自肺腑而无一丝一毫的伪

饰，这样才会让文章自然天成，没有矫揉造作之态。”李格非郑重地回答。

李清照喃喃地重复：“一字一句都要出自肺腑……”半晌，她眼睛一亮，笑着说：“我明白了，就像让我说伯母有多好，我立时就能说出来；可是如果让我夸那些整天想让我多读一些《列女传》的老先生们，我就要想上半天才能措好词，却没有一个字是我自己想说的。”

李格非笑着摸摸李清照的头，心中却有些感慨。他 31 岁进士及第，娶了时相王珪的侄女，夫妇二人感情甚好。只是王氏身体病弱，直到多年后，她才生了李清照，却在清照 1 岁时病逝。之后，他补太学录，要去汴京，身边无人照顾清照，只好把她留在章丘的哥哥家，嫂子视清照如己出。清照如今就像一枝小小的菡萏，年纪虽小却已显露才华。哥哥在信中说清照颇像李格非幼时，好学而聪敏……想到那些年在郓州做学政，俸禄微薄，妻子虽出身名门望族却从未抱怨过一句，李格非心中难过，不由得轻声念道：“‘谢公最小偏怜女，嫁与黔娄百事乖。顾我无衣搜画箧，泥他沽酒拔金钗。野蔬充膳甘长藿，落叶添薪仰古槐。

今日俸钱过十万，与君营奠复营斋。’这首诗就是一字一句皆出自肺腑，当得起一个‘诚’字。”

李清照想了想，有些犹疑地说：“虽然诗人日后仍是再娶，但他作诗时应该是有‘诚心’的。”

李格非微笑不语。此时院中响起他嫂子的笑语：“小叔当真辛苦，在太学要教学生，回家了还要教，过年也难得闲下来。”清照已迎了出去，脆生生地喊：“伯父伯母好。”李家大嫂一把搂过清照，笑道：“我们去一边吃糕去。”说着，她拉着清照走入一旁的小室。李家大哥则轻声笑问：“听说今年苏大人就要回京了。”李格非一扫之前的沉郁，有些兴奋地说：“嗯，如果苏大人真能回京，愚弟就能亲自去拜会了。”李家大哥说：“你放心做事吧，清照有我们照顾。咱们李家虽非望族，却也是诗书传家，必不会误了清照的才华。”李格非站起身，深鞠一躬，哽咽难言。

李家并非侯门巨户，但父辈出自宰相韩琦的门下，都是极有才华之人。李家以诗书传家，满门皆为饱学之士，行为思想并不保守封闭，对待子女皆一般模样。李清照是他们这一辈中最出色的一个，可惜是个女孩，否则策名就列必不在话下。

元祐六年（1091 年），苏轼被召回汴京，李格非正式拜入苏轼门下。苏轼是当时的文坛领袖，是文人士子心中的精神偶像。李格非早年间曾与苏轼有过书信往来，苏轼曾赞他“新诗绝佳，足认标裁”，但更让苏轼中意的还是他的文章，这种如“肺腑中流出，殊不见有斧凿痕”的文章让苏轼大加赞赏。李清照知晓其中原委后，对写文作诗需要有“诚心”一事更为认可，并牢牢记住。

李格非一直在太学中任职，除了为国家培养人才外，他最大的爱好就是藏书，俸禄大部分都买了书。李清照也像极了父亲，父女俩经常在信中交流一些见解，常常令李格非称奇，因此他也更加不吝惜钱财，广买书籍，充实女儿的阅读内容。李家藏书愈来愈多，李格非的文章也越作越好。

他独居多年之后，终于再次红鸾星动。元祐八年（1093 年），李格非娶了王拱辰的孙女。王氏回到章丘看顾清照。已经 10 岁的李清照对这位继母还是心存戒备的，但是当她们相处一段时间后，李清照发现她与父亲信中描述的一样，不是一位困于高墙深院的千金小姐，而是一位学识渊博、极有见地、写得一手好文章的才女。清照从继母那里习得更多的东西。王氏对李清照视若己出，并对清照早早便显出的才华倍加爱惜，她教会了李清照大家闺秀的仪态，却未用那些烦琐的规矩束缚清照，她护佑了李清照的天真率性，让她的成长过程充满生气。

就在所有人都以为日子会这样平静而幸福地过下去时，党争的后果开始波及李家。

身陷党争

元丰八年（1085 年），神宗驾崩，年仅 10 岁的哲宗即位，高太后垂帘听政，重新启用司马光为宰相，贬黜了大批支持新法的大臣，史称“元祐更化”。司马光直斥新法为毒药，认为新法“舍是取非，兴害除利”“名为爱民，其实病民，名为益国，其实伤国”；并指责王安石“不达政体，专用私见，变乱旧章，误先帝任使”。他提出“以母改子”，下令废除全部新法。苏轼虽也是旧党，但对新法并不是全盘否定，也不同意在短时间内全部废除新法，认为应该循序渐进。但他的主张并未被司马光采纳。

高太后与司马光几乎是挟着一腔愤怒去清算新法及支持新法的大臣的。变法的中坚人物——前宰相蔡确被贬至安州为知州。他在游览安州车盖亭时写下《夏日游车盖亭》十首绝句，其中抒发了被贬的郁结之情。这本是官场失意之人的自我排解，但对于旧党而言是难得的一次机会。与蔡确有旧怨的汉阳知军吴处厚上书朝廷，说其中“内五篇皆涉讥讪，而二篇讥讪尤甚，上及君亲”。其诗中有“矫矫名臣郝甑山，忠言直节上元间”之句。郝甑山，安州人，唐高宗时的忠直之士。唐高宗曾想让位给皇后武则天，郝甑山上奏反对。吴处厚曲解诗意，诬告蔡确在这十首绝句中用唐上元年间郝处俊谏高宗传位于武后事影射高太后，此为讪谤之罪。旧党立即抓住这次机会，对蔡确及整个新党进行了一次斩草除根式的清算。蔡确被再贬至岭南，其他已被贬黜的新党成员再一次被重贬。

“车盖亭诗案”是北宋开国以来朋党之争中打击政敌面最广、力度最大的一起文字狱。当年新党成员李定等人加害苏轼的“乌台诗案”仅苏轼一人获罪，并未殃及他人。神宗皇帝在极其愤怒之余也并未对苏轼起杀心，只是想借整治苏轼敲打反对变法的旧党而已。叶梦得在《石林诗话》中记载——元丰间，苏子瞻系御史狱，神宗本无意深罪子瞻，时相进呈，忽言："苏轼于陛下有不臣意。"神宗改容曰："轼固有罪，然于朕不应至是，卿何以知之?"时相因举轼《桧诗》"根到九泉无曲处，岁寒惟有蛰龙知"之句。"陛下龙飞在天，轼以为不知己，而求知地下之蛰龙，非不臣而何?"神宗云："诗人之词，安可如此论，彼自咏桧，何预朕事。"时相语塞。章子厚亦从旁解之，遂薄其罪。王定国在《闻见近录》中也记载了此事——苏子瞻在黄州，上数欲用之，王禹玉辄曰："轼尝有此心'惟有蛰龙知'之句，陛下龙飞在天而不敬，乃反求知蛰龙乎?"章子厚曰："龙者非独人君，人臣皆可以言龙也。"上曰："自古称龙者多矣，如荀氏八龙，孔明卧龙，岂人君也?"及退，子厚诘之曰："相公乃覆人家族邪?"禹玉曰："此舒亶言尔。"子厚曰："亶之唾，亦可食乎?"在苏轼落难时，搭救他的竟然是变法派的核心人物章惇。

司马光及其追随者们在高太后的支持下却欲

给新党以毁灭性的打击来巩固自己的势力。在蔡确被贬新州时，旧党将司马光、范纯仁和韩维誉为“三贤”，而将蔡确、章惇和韩缜斥为“三奸”。他们将王安石和蔡确的亲党名单张榜公布以示警告，同时对元祐元年（1086 年）被司马光斥逐的新党成员章惇、韩缜、李清臣和张商英等人再加以重贬，又罗织罪名对李德刍、蒲宗孟等人进行降官贬黜。

在新党官员看来，旧党用的手段是前所未见的卑劣，借“车盖亭诗案”打击新党所有人。岭南在古时向来被视为死亡禁地，凡被发配到岭南的官员基本宣告着死亡的结局。蔡确被贬至岭南时，吕大防和刘挚曾替他求情，希望让他改迁他地，高太后却说：“山可移，此州不可移。”蔡确后来死于岭南。高太后曾言“元丰之末，确自谓有定策大功，妄扇事端”“吾不忍明言始托讪上为名逐之耳”。她直白承认治蔡确之罪，“只为此人于社稷不利”。高太后利用岭南恶劣的自然环境除掉蔡确，实质上已是突破了神宗时期“圣朝不宜诛名士”的约束，开了杀戒。这种对新党斩草除根式的清算，令新党众人的怨恨越来越深，报复的欲望也越来越强，北宋的政治风气愈加凶险。

一些头脑清醒的人意识到了旧党行径的可怕后果。蔡确被贬时，范纯仁对吕大防说："此路荆棘已七八十年，吾辈开之，恐自不免。"直白来说就是：已经有七八十年没有重臣被贬往岭南了，而如今朝廷重开此例，日后他们恐怕也难免有此下场。《曲洧旧闻》记载，蔡确因"车盖亭诗案"被贬黜新州时，晁美叔说："计较平生事，杀却理亦宜。但不以言语罪人，况昔为大臣乎？今日长此风者，他日虽悔无及也。"这是一则南宋人写的轶闻，大意是说晁端彦认为以诗歌文章来定大臣的罪是没有道理的，而助长这种风气的人，将来一定会追悔莫及。可惜，这样清醒的人太少，有一些人明知党争的严重后果，却无力挣脱更无力改变，只能坐视党争愈演愈烈。

司马光执政期间，他与高太后被"胜利"的喜悦迷惑着，甚至看不到高太后身边幼小的皇帝，以至于在哲宗的印象中，他幼年所能见到的只有旧党大臣们的背影，他们的正面全谦恭地对着高太后。有人曾劝告司马光，将来若有人也像他一样，以"父子义"唆使哲宗反对今天的"以母改子”，后果将不堪设想。司马光却自信地说：“天若祚宗社，必无此事！”他们严格地教育着哲宗，认为哲宗能体会他们的良苦用心，却忽略了在教育中应该给予这个孩子的尊重，何况这个孩子还是至高无上的皇帝。

哲宗沉默地看着旧党如何铲除新党，当蔡确被贬时，大臣哀求他去与高太后讲情，他沉默以对。这种沉默并不是赞同，哲宗是在沉默中观察与学习。高太后与司马光希望他学到的治国平天下的学识他并未真正用心，旧党打击新党的手段却被他了如指掌。如果说“元祐更化”时高太后与司马光虽有私心，但仍是为北宋存亡考虑的话，哲宗在其中却只看到了私欲。

对高太后、司马光及其继任者的憎恨在哲宗心中与日俱增。这种恨意强烈到高太后都已察觉。高太后重病之际，对吕大防、范纯仁说：“先帝追悔往事，至于泣下，此事官家宜深知之。老身殁后，必多有调戏官家者，宜勿听。公等亦宜早退，令官家别用一番人。”她劝告元祐时期的旧臣早些退出政坛，以免祸及其身。可惜，哲宗对她及元祐旧党的憎恨已浓烈到无以复加的程度，对于曾教导过他的这些老臣丝毫没有手软，在高太后薨后，即将元祐旧臣大多贬往岭南。

元祐九年（1094 年）四月，哲宗改年号为绍圣，宣布继承神宗的改革事业，苏辙、范纯仁相继被贬。章惇成为宰相，曾布入主枢密院，蔡卞、许将、黄履等先后任执政，林希任同知枢密院事。变法派控制了朝政，同时也开始了对旧党的报复。在哲宗的支持下，新党对元祐党人的打击较之前两党间的打击和倾轧有过之而无不及，令党争之焰愈燃愈烈。

李格非作为“苏门后四学士”就这样被牵连了进来。

章惇设立馆局编辑元祐时期的奏章，打算从中找到元祐党人的罪证。他在挑选这一工作的负责人时，选中了李格非，打算任命李格非为检讨，相当于现在的总编辑。李格非于元祐六年（1091 年）拜入苏轼门下，被后世称为“苏门后四学士”，章淳正是看中他的这一身份，才找他“检讨”元祐党人的种种文章、奏疏。同时李格非与新党关系复杂，他的第一任妻子是王珪的侄女。王珪是有名的“三旨相公”，“自执政至宰相凡十六年，无所建明”“以其上殿进呈，云‘取圣旨’；上可否讫，云‘领圣旨’；退谕禀事者，云‘已得圣旨’”而闻名；而李格非对新法的一些政策也并不反对。比如在旧法时期，朝廷取士看的是诗词歌赋，而李格非却逆其道而行之偏偏研习策论，最后以文章进士及第。李格非的诗词创作，连苏轼都赞扬他“新诗绝佳，足认标裁”，但李格非更看重的是经世致用的策论，说明他在教育理念上有与新法一致的地方。

章惇想争取李格非转换阵营，给予苏轼等元祐党人以沉重的打击，但他失策了。这个看似温和的太学正一口回绝，毫无转圜之地。李格非因此被贬出京，外放广信军，今河北徐水遂城西做通判。

消息传回章丘老家时，李家一阵惶恐，当年旧党如何对新党官员一贬再贬犹历历在目，当下哲宗亲政后便大肆贬黜元祐党人，其中不乏帝王之师和当初对旧党颇有维护之人，此时凡是和元祐党人有瓜葛之人无不惴惴难安。李家怕李格非此去就难再回来了。

10 岁的李清照也被这种氛围感染，忧心忡忡。王氏夫人此时显出了难得的从容与镇定。她安抚李清照，给她讲述父亲被贬的原因。当李清照知道父亲是因为拒绝背叛苏轼才被贬出京，她由衷地为父亲叫了一声好。第一次，她从向来温文尔雅的父亲身上感受到了一种凛冽的刚直之气，这让她的心里没有那么忧惧了。

李格非到任后不久，听说当地有一个道士善断吉凶，他几次预言有人要遭灾竟大都说中，当地百姓都很敬畏他。这个道士由此自恃身价，出入皆要乘车，更是对一些人危言恐吓，借机诈取钱财。偏偏当地百姓对这道士十分信服，甘愿供奉钱财给这道士。李格非知道后，怜惜百姓，便打算揭穿道士的骗局。一日，李格非出行途中正遇到这个道士的车驾，当下便让人把这道士抓了起来，对他行骗之事进行审问。道士承认只是利用人们畏祸的心理骗取钱财，实际并无预测吉凶的本领。李格非将他的罪行公布于众，责罚之后，把他赶出了城去。

李清照听说此事后对父亲更是敬佩有加。他的父亲不仅刚直还有谋略，不仅能为国家培育人才，还能处理地方事务为百姓做主。

女儿初长成

绍圣二年（1095 年），李格非被召为校书郎、著作佐郎，负责校雠典籍、订正讹误、编写史书。李格非再一次回到汴京。

李格非逃过此次对旧党的清洗，还是与哲宗的态度有关。虽然哲宗把打击守旧派当成主要政事，但他仍有一颗励精图治的心。他对父亲神宗皇帝极为崇拜，想成为和父亲一样有作为的皇帝。虽然他贬斥了大量元祐旧臣，但并未对旧党赶尽杀绝，对于一些有才干的非核心人员网开一面，该用就用。李格非始终在太学范围内活动。他拜入苏轼门下，但声望还是不能与“苏门四学士”相提并论。对于“元祐更化”中新旧两党的倾轧，李格非始终保持着清醒与中立。在对新法的态度上，他与苏轼有相似的立场。他反对新法中不合理的地方，但没有为了反对而反对，他一向对事不对人。鉴于此，李格非在被贬不久后，才能再次被召回汴京。

李格非经历了“元祐更化”，眼看着对新法不合理之处的拨乱反正变成了过激的清算运动。元祐年间虽然看似政治清明，但国库收入并未增加，百姓生活日益艰难。李格非被贬广信军时，看到无论是新法还是旧法都没有改善百姓的生活，而官员却日益腐败，醉心于党争，耽于享乐，对于盛世之下的危机毫无察觉。有感于此，李格非写成了传世名文《洛阳名园记》，记录了洛阳十九所名园，以洛阳名园的兴衰暗示国家的兴衰。此文中的忧患意识和对洛阳地理位置重要性的判断，充分展示了李格非在政治上的敏感与远见。李格非一生著作颇丰，《宋史·艺文志》记载，李格非著有《礼记精义》十六卷、《史传辨志》五卷、《洛阳名园记》一卷、《永洛城记》一卷。另外，《遂书堂书目》及《后村先生大全集·诗话续集》载《李格非集》四十五卷、《涧泉日记》卷上载有《济北集》、张邦基《墨庄漫录》载有《历下水记》。但这些书稿基本都散佚了，从仅存的只言片语和后人的评价中仍可见李格非在策论上的深厚造诣，展现出了他卓越的政治才能。虽然这种才能并没有得到施展的机会，但对他最忠实的读者——李清照的影响很大。在对父亲的耳濡目染之下，李清照没有一般女性文人的婉约柔弱，她的气度、见识甚至超越了同时代的男性。

李格非有惊无险地度过了这次党争，李清照的生活也并未受什么影响。王氏夫人虽出身名门，却并未将李清照困于深宅高墙之内，除了指导她日常的课业外，并不把她拘束在庭院之内。李清照经常和情趣相投的姐妹们外出游玩，甚至模仿名士风流，感受酒中乾坤的玄妙。

李清照在诗词文章上显现出了超人的天赋，尤其是在词上的造诣达到令人惊讶的程度。她用这种她最热爱的文体记录了少女时代所有的欢乐与忧愁。

湖上风来波浩渺，秋已暮、红稀香少。水光山色与人亲，说不尽、无穷好。

莲子已成荷叶老，清露洗、蘋花汀草。眠沙鸥鹭不回头，似也恨、人归早。

——《双调忆王孙》①

这是一首李清照少女时代的词作，记录了她一次秋游的经过。时已暮秋时分，连红叶都快落光了，湖中只剩枯萎的残荷，但词中并无萧瑟冷

①［宋］李清照著，陈祖美编著，《李清照词新释辑评》，中国书店，2003年1月第1版，第5页。

清之感，反而呈现出一幅云淡风轻、秋高气爽的干净的景象。树叶已落，荷花已残，反而显得湖面更为通透宽广，湖水潋滟，水天一色。结尾句尤为俏皮，沙滩上的鸥鹭像在生气作者归去得太早，扭过头去，不肯与作者道别。这一句借鸥鹭眠宿之态，表现作者对晚秋景致的留恋与不舍，虽未写人，却仍能看出人之情态，词句中充满少女独有的天真与俏皮。

进京团圆

绍圣四年（1097 年），李格非升任礼部员外郎。两年后，李清照和母亲王氏及幼弟李迒进京与父亲团圆，一家人终于能住在一起了。

汴京的繁华非其他地方可比。汴河之上，白帆如翼，往来如梭；河水缓缓东流，两岸垂柳妖娆多情；沿河的店铺商家，往来的行人商贾，构成一片盛世繁华景。最著名的文人墨客，最有前途的青年俊杰也都集中在这座城中。李清照在这里大开眼界，汴京成了她“学诗三十年”的起点。

李格非身为“苏门后四学士”之一，与文人才俊交往颇为密切。绍圣四年（1097 年），晁补之被贬监处、信二州（今浙江丽水）盐酒税，行至丹阳途中，母杨氏夫人病殁，他即奉灵柩还乡，服丧家居。他的故乡在缗城（今山东金乡），离李格非家不远，在守丧期间，曾拜访回家省亲的李格非，见到了李清照。李清照对这位晁叔叔仰慕已久，她曾拜读过晁补之的《评本朝乐章》，并深以为然。这篇评论当时七位著名词作家柳永、欧阳修、苏轼、黄庭坚、秦观、晏殊和张先的文章对李清照影响深远，这种影响在李清照传世的理论著作《词论》中清晰可见。李清照对晁补之的到访欣喜万分，她向晁补之问询文学创作过程中产生的一些疑问。初见之后，晁补之对这位侄女便刮目相看，李清照才思敏捷，诗文工整，对时下风靡京师的长短句创作颇有心得。几次交谈下来，他发现李清照“善属文，于诗尤工”，完全不像一个只有十四五岁的少女所能达到的水平。李清照的才华几与他们这些前辈持平了，假以时日，甚至会超越他们。晁补之大感欣慰，在日后与朋友们的交往中，常常向那些文人士大夫提及李清照的才情与创作。而李清照也在与晁补之的交谈中受益匪浅，对文学创作，尤其是词的创作有了更深切的认识，这让她对创作当时流行的长短句跃跃欲试。而汴京浓厚的文学氛围，更为繁华的风土人情，终于让李清照的创作欲望变成了实践。

诗词双绝

元符二年（1099 年）的一天，李格非拿了一首《如梦令》给相好的同僚赏鉴：

> 尝记溪亭日暮，沉醉不知归路。兴尽晚回舟，误入藕花深处。争渡，争渡，惊起一滩鸥鹭。①

这些同僚看完小令后，纷纷赞叹，见小令上没有写作者的名字，李格非又只是拈须微笑，便知他是要考校他们的眼力，于是七嘴八舌地给出猜测。有人说："此令景象开阔，情辞酣畅，有丈夫气，虽是小令却有逸兴，当是东坡先生的手笔。"当时苏轼被贬海南儋州，但尚有书信与友人往来，众人以为这是苏轼在与李格非的书信中所写。同意是苏轼所作的人都觉得此词心境开阔，

---

①［宋］李清照著，陈祖美编著，《李清照词新释辑评》，中国书店，2003 年 1 月第 1 版，第 1 页。

颇符合苏东坡晚年词作的气象。而也有反对者说："此令有仙气，清新自然，超逸人世外，当为吕洞宾所作。"北宋时，道教盛行，从皇室到平民都很信奉，而文人士大夫更是对道人羽衣蹁跹、超然物外的仙逸之气甚是欣赏，因此看到这首小令清丽脱俗、有洒脱超然之气便断定这是全真派祖师吕洞宾所作。双方争论不休，最后只能向李格非询问。李格非却给出了一个令人匪夷所思的答案："这首小令是在下的小女所作，见笑了。"

《如梦令》是李清照早期的词，是她对以往积累的创作理念的早期实践。而这一首词，很快就让汴京的文人士大夫们都知道了李格非女儿的才华不让须眉，而她之后的诗作更是让他们觉得李清照是诗词双绝，才气不在当代文坛名士之下。

元符三年（1100 年），张耒从黄州移职，赶往兖州上任。李格非亲往樊口，登舟相送。两个人在舟中谈诗论道，依依惜别。

在对汴京繁华景象的好奇与文化的新奇感冷却后，李清照更为直观地感受到了时政的艰险与朝廷的腐败。张耒为人忠正，为官清廉，处理地方事务向来都是从百姓生计、国家利益出发，却因“苏门学士”的身份屡屡被贬，在各州县之中辗转奔波，有的地方仅仅待上几个月就又被迁往他处。张耒的政治才能根本来不及施展，生命与精力全被耗费在应对无休止的党争之中。李清照对张耒坎坷的仕途悲伤愤慨，对张耒恪守不移的品性极为佩服，当她知道张耒再一次从黄州迁往他处为官后，情难自禁，写下了《浯溪中兴颂诗和张文潜二首》，表达她的愤懑及对张耒的敬佩：

其一

五十年功如电扫。华清花柳咸阳草。
五坊供奉斗鸡儿，酒肉堆中不知老。
胡兵忽自天上来。逆胡亦是奸雄才。
勤政楼前走胡马，珠翠踏尽香尘埃。
何为出战辄披靡。传置荔枝马多死。
尧功舜德本如天，安用区区纪文字。
著碑铭德真陋哉。乃令神鬼磨山崖。
子仪光弼不用猜。天心悔祸人心开。
夏为殷鉴当深戒。简策汗青今具在。
君不见，当时张说最多机，
虽生已被姚崇卖。

其二

君不见，惊人废兴传天宝，
中兴碑上今生草。
不知负国有奸雄，但说成功尊国老。
谁令妃子天上来，虢秦韩国皆仙才。
苑桑羯鼓玉方响，春风不敢生尘埃。
姓名谁复知安史，健儿猛将安眠死。
去天尺五抱瓮峰，峰头凿出开元字。
时移势去真可哀。奸人心魄深如崖。
西蜀万里尚能返，南内一闭何时开。
可怜孝德如天大，反使将军称好在。
呜呼！奴辈乃不能道辅国用事张后专，
只能道春荠长安作斤卖。

——《浯溪中兴颂碑和张文潜韵二首》①

这组诗在现代仍有学者质疑其作者是否是李清照，主要原因便是觉得少女不可能具有这么深邃与通透的历史观，更不可能写出有如此深厚的历史意境的诗句来。总之，以李清照作诗时的年

①［宋］李清照著，黄墨谷辑校，《重辑李清照集》，中华书局，2009年8月第1版，第79～80页。

龄来说，她不可能对历史有这么深刻的认知。而根据各种文献来看，这组诗为李清照所写是确定无疑的。

这组诗是和张耒的《读中兴颂碑》。张耒，字文潜，号柯山，“苏门四学士”之一，仕途坎坷，长期在地方担任职位低下的官员，对社会现实、民间疾苦有清醒的认识。他的一生“飘然羁孤”，却终生恪守信念不移，在苏轼、苏辙、黄庭坚、晁补之、秦观等相继辞世后，作为文坛的中流砥柱，传道授业，光大文风。《宋史·文艺传》称其：“耒独存，士人就学者众。”面对北宋屡遭外侮侵袭，张耒主张开边御敌，这种思想体现在他的诗作中，使他的诗作洋溢着浓郁的爱国之情。“满心而发，肆意而成”，虽粗率质直，但颇具“气韵雄拔”之感。

张耒与李格非为至交好友，在李格非去世后，还为其写了墓志铭。张耒《自庐山回过富池隔江遥祷甘公祠求便风至黄沥》一诗附记中云：“元符庚辰，某同男秬率潘仲达同游匡山。六月望日，齐安罢官，步登客舟，过樊口，李文叔棹小舸相送，遂下巴河，上灵岩寺。”《张文潜先生年谱》记载：“元符三年（1100 年），六月望日，黄州罢官，

（张耒）率儿秬与潘仲达同游匡山，过樊口，李文叔棹小舸相送。下巴河，至灵岩寺，观孙仲谋刑马坛，与潘、李饮酒赋诗于寺中。”这些记载足以证明张耒与李格非交往的密切。

张耒的《读中兴颂碑》是一首咏怀古迹的诗作。诗作借平定“安史之乱”的史实，凭吊古人，赞颂了中兴功臣们为护国安民而鏖战沙场的事迹；同时自抒胸襟，表达了对元结、颜真卿的无限景仰之情，故而感伤百年兴废，忠臣不在，世事易变。

玉环妖血无人扫。渔阳马厌长安草。
潼关战骨高于山，万里君王蜀中老。
金戈铁马从西来，郭公凛凛英雄才。
举旗为风偃为雨，洒扫九庙无尘埃。
元功高名谁与纪，风雅不继骚人死。
水部胸中星斗文，太师笔下蛟龙字。
天遣二子传将来，高山十丈磨苍崖。
谁持此碑入我室，使我一见昏眸开。
百年兴废生叹慨，当时数子今安在。
荒凉浯水弃不收，时有游人打碑卖。①

①［宋］李清照著，黄墨谷辑校，《重辑李清照集》，中华书局，2009年8月第1版，第80页。

这首诗收于《柯山集》，是张耒读《大唐中兴颂》后创作的。《大唐中兴颂》由元结创作，颜真卿书写。碑文不长，所述内容有二：一是对平定“安史之乱”的君臣尤其是唐肃宗的颂赞；二是对唐玄宗时期祸国权奸的痛斥。

张耒的诗作对这段历史进行了反思，但无论从角度还是深度都高元结一筹。天宝六年（747年），元结到长安应试。李林甫玩弄权术，使应举者全遭落第，元结遂归隐商余山，从此对李林甫之流深恶痛绝。因此他把“安史之乱”的原因全归结为奸臣当道，对唐皇父子却大加称赞，认为他们是平定“安史之乱”最大的功臣。张耒则不再称颂玄宗、肃宗父子，而是真心实意地赞颂郭子仪等平叛将领，结尾处又有世事无常之叹。张耒一生多为低级官吏，更是受党争牵连而四处飘零，因此他对最高统治者并不抱有任何期望，对真心实意为江山社稷着想的爱国臣子则满怀敬意，既是敬郭子仪也是敬贤臣，既是叹兴衰无常也是叹世事难料。而李清照的和诗则又高出张耒原诗更多。

张耒开篇一句“玉环妖血无人扫。渔阳马厌

长安草”把“安史之乱”的原因归结给了杨玉环，又是美色误国的老调重弹。李清照在这一点上是很清醒的，“安史之乱”真正的原因是君主无道，纵容奸臣弄权。这两首和诗中有着对历史本质的透彻分析，也有借历史对北宋朝廷的讽刺与担忧。

李清照否定了美色误国的传统观念，公正地指出真正引发“安史之乱”的是纵容奸臣弄权的君主与朝廷的腐败，“谁令妃子天上来，虢秦韩国皆仙才”，杨玉环只是导火索，仅是一种历史的偶然，而在玄宗统治中后期出现的权臣与宦官勾结弄权，玄宗对此的纵容与自身的不知反省才是主要的原因。对于元结对玄宗、肃宗的赞颂，李清照颇不以为然，她认为像尧舜那样德泽百姓的帝王，无须用文字记载，其功德自在人心。而“安史之乱”本是唐王朝咎由自取，所谓“中兴”过程中又多有曲折，种种父子争权等都不足为外人道也。这一切本都不值得歌颂，元结却撰文歌颂，还把它刻在山崖上，那样做真是太浅陋了。

李清照没有简单地应和张耒的诗，她进一步分析了为什么郭子仪和李光弼能平定“安史之乱”，是因为他们之间没有猜忌，没有权力之争，两人为光复大唐共同努力。而李清照在汴京的所见所闻却恰恰相反：即使是同为新党的大臣也互相倾轧，对外清算元祐党人，对内排挤对手。言官弹劾大臣也多是因党争或出于一己之私，再无以天下为己任的情怀与风骨。李清照对此极为鄙视，她在诗中引用张说与姚崇的典故对比郭子仪与李光弼，借以讽刺当下朝廷中的乱象。

《明皇杂录》记载，姚崇与张说皆为唐玄宗时期的宰相，两人都比较专权，又夙有旧怨，因此姚崇临终前担忧张说会对自己的后代不利，于是利用张说的贪财算计张说为自己写了墓志铭。他还告诉儿子，墓志铭一旦到手立刻雕刻出来，因为张说定会反悔。果然，张说在几天之后就后悔为姚崇说了好话，虽然政敌已死，但他仍不想放过姚崇。他派人以文字还需要再美化一下为由欲索回墓志铭，但姚崇之子告知已将文字刻于碑上，无须再改了。张说此时方才明白自己被姚崇算计了，于是发出一句感慨：“死姚崇犹能算计生张说，吾今日方知才能不及姚公远矣！”坊间相传，后来张说还是忍不住去向玄宗说姚崇的不是，玄宗却反问他如果姚崇真有他说的那么不堪，为什么他还会在墓志铭中称赞姚崇呢？张说无话可说。后面的结局大概是民间好事之人为了进一步证明姚崇的神机妙算而加的情节，但这也恰恰证明了姚崇与张说二人之间的钩心斗角从生持续到死。

李清照对这种钩心斗角颇为不屑，而这种内耗在哲宗即位后愈演愈烈，她的父亲也是牺牲品之一。她敏锐地认识到这对一个国家来说是多么危险而又可怕的事情，但她仅仅只是一个待字闺中的女孩子，就连她仰慕的那些名满天下的学者前辈们都身不由己，深陷党争的旋涡之中，她又能做些什么呢？她只能借诗歌来表达内心的愤懑与担忧。

北宋后期，从哲宗即位之初的“元祐更化”，到旧党内部的“洛蜀朔党争”，从哲宗亲政之后的“绍圣绍述”，到新党内部的分裂倾轧，都显露了“一朝天子一朝臣”的最高权力的争斗痕迹。在李清照看来，真正贤能的圣君是德泽万民的，他们能知人善任，而不是推波助澜，加剧朝廷人才的无谓消耗。她在诗中引用了高力士的典故，“只能道春荠长安作斤卖”，感愤最高统治者之间的权力争斗。

高力士为唐玄宗时期最有权势的宦官，太子都要以兄礼事之，而安禄山、李林甫、杨国忠等权臣与之沆瀣一气，欺上瞒下，将朝政把持在手中，他可谓“一人之下，万人之上”。而在“安史之乱”后，肃宗身边的李林甫专权，打压玄宗的势力，玄宗被他幽闭在南内，“西宫南内多秋草，落叶满阶红不扫”。可见当时玄宗是如何落魄。作为玄宗最亲近的宦官，高力士必然难逃被清洗的命运。唐代郭湜作的《高力士外传》记载，高力士于上元元年（760 年）被流放到巫州。他“于园中见荠菜，土人不解吃，更赋诗曰：‘两京秤斤买，五溪无人采。夷夏虽有殊，气味应不改。’使拾之为羹，甚美。”直到唐代宗即位，高力士方遇赦回京，只是当时玄宗已驾崩，高力士悲恸之余也很快去世。

李清照通过高力士的典故就把唐朝皇室内部的最高权力之争含蓄又清晰地表现了出来。如果说张耒对帝王已经失望，李清照却仍有着一丝希冀，希望最高统治者能统筹全局，制止内斗，终止党争。

李清照的诗所呈现出的气度与历史观，已超

越了与她同时代众多的男性文人。周邦彦之子周煇在《清波杂志》卷八中写道："浯溪《中兴颂碑》，自唐至今，题咏实繁。零陵近虽刊行，止荟萃已入石者，曾未暇广搜而博访也。赵明诚待制妻易安李夫人尝和张文潜长篇二。以妇人而厕众作，非深有思致者能之乎?"这是对李清照思想深度的肯定与赞赏。李清照的诗与她的词不同，流传下来的诗大多数都是咏史之作，而作为她年少成名之作的两首和诗便是极有代表性的，比起她后期的诗作，虽少了些许厚重，却多了几分灵动。明代陈宏绪在《寒夜录》下卷中评价李清照"磊落不凡"，和张耒的这两首诗"奇气横溢，尝鼎一脔，已知为驼峰、麟脯矣"。

李清照的诗与词甫一面世，便让世人惊绝其才。由于当时长短句是最为流行的文学样式，所以李清照的诗并没有引起太多关注，但是她的词流行开来，"词女"成了她的代称。

第二章
晚风瑞脑香

莫许杯深琥珀浓，未成沉醉意先融。疏钟已应晚来风。

瑞脑香消魂梦断，辟寒金小髻鬟松。醒时空对烛花红。

——《浣溪沙》①

李清照已到了婚配的年龄，昔日的欢笑转眼便化作久远的记忆，一种无可言喻的寂寞侵袭了她。汴京的规矩远比明水老家的大，即使父母并未拘束李清照，但是能和她一起游乐玩耍的朋友并不多，她们顶多是在自家院子里荡秋千、赏花

---

①［宋］李清照著，陈祖美编著，《李清照词新释辑评》，中国书店，2003 年 1 月第 1 版，第 24 页。

品茗；就算是外出，也不能像在明水之时般自由自在，只能坐在厢车中，透过帘子偷偷打量外面的世界。

情窦初开的李清照对爱情与幸福婚姻的向往让她神思难安。明月当空，花影婆娑，热一壶清酒，浅斟低酌，酒意沉沉，李清照觉得那种寂寞如附骨之疽，在半睡半醒之间也不肯放过她。酒意消散后，一室清冷，李清照怔怔地看着灯烛，拢拢松散的发髻，走到书桌前，提笔写下一首《浣溪沙》。“啪”的一声轻响，惊破了一室的寂静，原是红烛爆了个烛花。坊间传言，灯花是喜事将近的征兆，李清照不由得有了微微的笑意，在末尾写了一句“醒时空对烛花红”。

几日后，王氏拿着这首词给李格非看，微笑着说：“我们的女儿该嫁人了。”

“词女之夫”

赵明诚轻轻展开姨父陈师道给他的信，细细地读了起来，很快便面露喜色。信中写道：“近得柳公权所书刘君碑，文字磨灭，独公权姓名三字焕然……”除了这句话，其他言语已入不了赵明诚的眼，他急忙提笔回信求姨父把柳公权书写的《唐起居郎刘君碑》的拓片转给自己。

赵明诚是赵挺之的幼子，在爱好上与赵挺之最相投。他从小就痴迷于金石碑刻，他少时，外祖父被降职，左迁夔州提点刑狱，赵挺之被贬出京知徐州，家庭陷入了困窘的境地。但当他遇到《隋化善寺碑》时，难以割舍，其母郭氏夫人毫不犹豫地为其买下。这是赵明诚人生中的第一件藏品，他在《金石录》中特意记述了这段经历："余元祐间侍亲官彭门，时为儿童，得此碑，今三十余年矣。"

对于赵明诚的爱好，他的父母都是支持的。赵挺之本身醉心于金石之学，收集了许多金石字画碑刻，家中藏有各类金石碑刻拓片两千卷。赵挺之也从不吝于展示自己的收藏。如果不是因为政见不同，赵挺之与"苏门学士"之间也许会成为很好的金石之友，至少，他与李格非在这方面是志同道合的。

赵明诚就是在这种氛围下长大的，赵挺之见他喜爱这些，也不吝于教导；郭氏更是偏疼幼子一些。于是赵明诚在自己喜爱的领域有了更广阔、更自由的空间。

赵家是书香门第，唯诗词成就平平，但这并不妨碍他们有一颗诗人的心。赵家的生活并不奢华，他们的生活情趣是典型的宋代文人式的。彭汝砺在一首诗前记述了他与赵挺之月夜赏花的经历："昨日饯赵教授行，会饮秀楚堂，晚徙樱桃花下。夜月上，正夫设烛于花上，光明焜耀，昔所未见，正夫因约赋诗。"赵挺之将蜡烛置于花上，让烛光照亮花丛，颇有几分"只恐夜深花睡去，故烧高烛照红妆"之意。

赵明诚比起同代的文豪们，诗才确实不出众，但他极喜爱收集当时文坛巨匠们的诗词作品，即使只有只言片语，也爱若珍宝。姨父陈师道与其父赵挺之不睦，对他却是极好的，不仅在金石学上指点他，帮他收集碑刻拓片，还帮他传递苏轼、黄庭坚等人的诗作。陈师道在写给黄庭坚的《与鲁直书》中说："正夫有幼子明诚，颇好文义。每遇苏、黄文诗，虽半简数字，必录藏，以此失好于父。"赵挺之对苏轼、黄庭坚等人是极为厌恶的，对于他们的作品也是嫌恶不已，因此，他对于小儿子喜爱看苏、黄诗作一事很是生气，常因此斥责明诚。但赵明诚对于自己喜爱的东西有种莫名的坚持，对于父亲的暴怒也不过是应付了事，之后一切照旧。赵挺之也无可奈何。

就这样在对自己爱好的坚持中，赵明诚到了该成亲的年龄。

史书中并没有明确记载赵明诚是如何与李清照相识的，如果只是单凭喜爱李清照的诗词便求娶为妻，似也过于草率。况且李清照在《点绛唇·蹴罢秋千》中写道："见客入来，袜刬金钗溜。和羞走，倚门回首，却把青梅嗅。"① 这句公认写的是李清照见到来自己家中拜访的赵明诚后含羞躲避，又装作无事偷看的情景。这足以说明赵明诚在婚前是认识李家人的，并拜访过李家。虽然不敢肯定这是不是李清照第一次见赵明诚，但从整首词的情感来看，李清照对赵明诚是非常满意的。或许，我们从各种传记当中可以推测出赵明诚与李清照相识的一种可能。

赵明诚去了太学，在太学中结识了一位对金石之学也颇有研究的同学——李迥，李格非的侄子。李家的金石学养不逊于赵家，李迥和李清照

①［宋］李清照著，陈祖美编著，《李清照词新释辑评》，中国书店，2003 年 1 月第 1 版，第 28 页。

从小就受家学熏陶，见识自是不凡。

李迥与赵明诚相谈甚欢，又见赵明诚对金石碑刻有独到的见解，便把他引荐给自己的叔叔李格非。李格非对这个年轻人很有好感，尤其是知道陈师道对他的称赞后，对他更是青眼有加。

而赵明诚不仅精研金石碑刻，对诗词也甚是痴迷。他初读《如梦令·尝记溪亭日暮》时便被清新洒脱的词风吸引，当得知这出自一个16岁的少女之手后更是又惊奇又仰慕。他与李迥相交时也并不掩饰自己对李清照的好奇与倾慕，经常与李迥谈论李清照的词作。李迥也会不时讲一些幼年往事，在赵明诚心中，李清照的形象渐渐立体起来。

一日，李迥又给了赵明诚一首李清照新制的词，《如梦令·昨夜雨疏风骤》：

> 昨夜雨疏风骤，浓睡不消残酒。试问卷帘人，却道“海棠依旧”。“知否？知否？应是绿肥红瘦。”①

---

①［宋］李清照著，陈祖美编著，《李清照词新释辑评》，中国书店，2003年1月第1版，第8页。

赵明诚读到“知否？知否？应是绿肥红瘦”时拍案叫好。他在屋子里踱着步，时而低头凝神静思，时而抬头喃喃自语。这最后一句，完全超越了“红消翠减”的意境，这是对万物最精微的体悟。

这首小令打破了赵明诚对词的认知，他以往看到的词，就算是被批评“过俗”的柳永词，用字也是精雕细琢的文人词，俗的只是内容而已。而眼前这首小令采用了日常的对话方式，用语近似口语，而内容却是极雅致的。“试问”对应着“却道”，短短 11 个字，感情却是一担忧，一漠然；对外界的感受也是一敏感，一粗心。词中的担忧之情恨不得让赵明诚即刻就到这位小姐面前，安慰她花开花落都是世间的规律，不用伤怀，明年海棠依旧。可是他又觉得自己这样说实在是太粗陋了，这位小姐又怎会不知这是无法改变的规律，她的担忧实是对娇弱美丽的海棠花的怜惜，是对春日将逝的惋惜。

再来看用字。“绿肥红瘦”，用“肥”形容叶子在雨后因水分充足而茂盛肥大，用“瘦”形容花朵因被雨打风吹而凋谢稀少。乍看庸常，细品却又觉得极工，想要研究其中用词的技巧，却又发现无迹可寻，似是信手拈来，自然天成。

这是何等细致的观察力，又是何等敏锐的感受力？赵明诚完全被李清照迷住了。虽然他们之间从未有过直接的书信往来，甚至李清照可能还不知道他是谁，但他仍觉得自己似乎与李清照相识甚久，已心意相通。

赵明诚虽还是太学生，但后年就可以出仕，现在到了该议婚的年龄了。赵挺之开始盘点京城之内适龄的女孩子。

书童神秘兮兮地把这件事告诉给赵明诚，赵明诚心里一喜又是一忧。喜的是他可以趁机和父亲说求娶李清照。他曾假作不经意地问过李迥，像李清照这样出色的女子是不是早已定下了某位优秀的太学生。李迥告诉他没有，说叔叔还没有确定的人选，而且他们家也不是只看门第，还得看清照自己的意思。忧的是李清照的父亲李格非是苏轼的门人，与父亲分属两个阵营，他不知道父亲会不会同意与旧党结亲。

赵明诚患得患失了好几天。一日他读了一会儿书后，神思困顿，便去榻上小憩。他梦到自己在读一本书，内容十分精妙，可惜当他醒来后，大部分内容都不记得了，唯有三句清晰地印在脑中：“言与司合，安上已脱，芝芙草拔。”他仔细回味，蓦然发现这居然是三则字谜，而谜底让他激动不已，觉得这就是天意。他按捺不住激动的心情，马上将这个梦告诉了赵挺之。赵挺之听幼子说完这个有些离奇的梦后，略一思量，便解出了谜底。“言与司合”当为“词”，“安上已脱”当为“女”，“芝芙草拔”当为“之夫”二字，这三句字谜合起来为“词女之夫”。赵挺之诧异地看了看幼子，“词女”就是李格非的女儿李清照啊。他不知道赵明诚是何时对李清照上了心的，但是以他对幼子的了解，赵明诚既然敢和自己提出来，那就是已下定决心了。赵挺之啜了口茶，淡然道：“你大概会娶一位擅长写词的女子为妻。”

赵明诚有些惴惴地看着赵挺之，希望看出父亲的态度。赵挺之的脸上仍是一片平静，内心其实已飞速盘算开来。从官职上来看他是吏部侍郎，李格非是礼部员外郎，虽然等级上差了一些，但李家也不算高攀；从出身来看，他与李格非都是书香门第，但并不是达官显贵，祖上的地位也都相差无几，所以也算是门当户对。当然最重要的还是眼下的局势。

此时已是元符三年（1100 年），正月里哲宗驾崩，向太后立哲宗的弟弟端王赵佶为帝。宰相章惇反对立赵佶为帝，他说：“端王性情轻佻，不能担起皇帝的责任。而且先皇曾经说过简王看起来是个既有福气又长寿的人，而且性情仁厚孝顺，将来可以立他为帝。”在与向太后和拥护立赵佶为帝的人论辩时，他厉声对向太后说：“按照礼制来说，应该立先皇的同母弟简王为帝。”向太后则反驳：“老身无子，诸王皆是神宗庶子。”言下之意是，这些王爷从出身来看都是一样的，就算是先皇的同母弟也是庶子，不存在谁比谁更有资格的问题。而实际上则是向太后不希望哲宗之母朱氏的地位再得到提升。章惇没有放弃，既然不能立嫡那就立长，于是他又说：“按年龄，申王最年长，应该立他。”而向太后则说：“申王有眼疾，怎么可以让一个身有病疾的人当皇帝呢?”章惇尚想再辩，知枢密院事曾布叱责他说：“章惇，听皇太后安排!”章惇无奈只能默认。但章惇并不看好赵佶，也深知自己反对立他为帝已是得罪了君主，恐怕早晚有一天会被清算，他也不想再留在朝中。他几次想离开，赵佶都不允许，而在这期间他又屡遭言官弹劾，这让他愈发觉得朝中凶险，更加心灰意懒。赵挺之在哲宗亲政年间依附于章惇，官运亨通。此时他看到章惇的遭遇不免有兔死狐悲之感。

赵佶即位后，向太后“权同处分军国事”。向太后是守旧派，在政治上支持司马光一脉，哲宗时期高太后尚且无法把控政治走向，更何况她。此时，赵佶为她亲立，尊她为嫡母，给予她无上尊荣与权力。向太后自认为终于可以拨乱反正，当政后随即任命守旧派、韩琦长子韩忠彦为执政，不久又升任右相，陆续恢复被贬逐的守旧派官员的名位，守旧派官员相继被擢拔。苏轼、秦观等相继被召归朝，“以新除吏部尚书韩忠彦为门下侍郎。忠彦入对，陈四事，曰广仁恩，开言路，去疑似，戒用兵。太后纳之。自是忠直敢言知名之士，稍见收用，时号小元祐”。同时守旧派再一次展开清算与报复，左相章惇、执政蔡卞等相继受到攻击，蔡卞被贬任知府。当年七月，向太后还政后，反对立赵佶为帝的左相章惇被罢相，韩忠彦升任左相，曾布升任右相。守旧派与变法派的斗争日趋激烈。旧党为报复而报复，却为祸国殃民之徒创造了上位的机会。此时的新党早已失去了王安石时期富国强兵的理念，只是借新党的名义牟取私利而已。新党内部也早已四分五裂，这也是章惇心灰意懒的原因。他也许并不是一个好人、好官，但他至少还想着要富国强兵，想实现王荆公的抱负。南北宋之交的文学家何薳在其著作《春渚纪闻》中评价章惇："承天一柱，判断山河。"李纲在《书章子厚事》中写道："方子厚当轴，士大夫喜诋诃其失，然自今观之，爱惜名器，坚守法度，诸子虽擢第，仕不过筦库州县，岂不贤哉！语曰：'善人，我与子厚亦云。'"这些评论足以证明章惇为官、为人的品性。

朝中还有一些清醒的官员，他们看到当年"元祐更化"引发的党争，经历了新党的清算与报复，感受到党争带给国家的巨大的伤害，因此这些官员上书赵佶，批评元祐、绍圣均有失误，应该消除偏见，调和矛盾，停止党争，"欲以大公至正消释朋党"。然而此时就像是暴风雨前的宁静，在两党暂时的平静下，酝酿着更为激烈的风暴。

面对风云诡谲的朝堂，失去章惇为倚仗的赵挺之极力寻求着稳定。他并不知道这样旧党、新党风水轮流转的反复无常还要经历多少次，他也不清楚这位年轻的新帝王会倾向哪一方。他只能在政治旋涡中为自己、为赵家多寻找几个支撑点。此时，幼子赵明诚为他送上了一个选择。

李格非，苏轼的门人，“以文章受知于苏轼”，与“苏门四学士”中的晁补之、张耒为至交，与其他人也有诗文往来，关系亲密。同时这人刚正不阿，为政不看党派，只看是否利国利民；对人也不分派别，只论品性。而他此时任礼部员外郎，提点京东行狱，虽只有从六品，但也是重要的职位。如果朝中局势将来也如此时一般发展，那李格非必会受到重用。

赵挺之细细盘算了一通，觉得自己再也想不出一个比李家更适合联姻的官宦人家，而且看儿子期待的样子，大概早陷了进去，当下就顺水推舟，答应去李家提亲。

1101 年，宋徽宗以“本中和而立政”为宗旨，“昭示朕志，永绥斯民”，改国号为“建中靖国”，表示调和两党争斗，消除矛盾。

出了正月，赵挺之准备去李家为赵明诚提亲。

赵明诚怀着对未来幸福生活的无比期待，焦急地等待着媒人的消息。

之子于归

髻子伤春慵更梳，晚风庭院落梅初。淡云来往月疏疏。

玉鸭熏炉闲瑞脑，朱樱斗帐掩流苏。遗犀还解辟寒无。

——《浣溪沙》①

"晚风庭院落梅初"，花势仍胜，但零落的梅花在悄悄告知暮春的气息已经到来。李清照心知议亲就在眼前，成亲大概是年内的事，一种无法排遣的情绪袭上心头。

李清照期望自己得遇良人。可是在那个年代，能在婚前看到结婚对象一眼都是天大的幸运了，想通过长久相处了解对方只是痴人说梦。她不得不把自己余生的幸福寄托在父母身上。虽然她知

①［宋］李清照著，陈祖美编著，《李清照词新释辑评》，中国书店，2003 年 1 月第 1 版，第 21 页。

道父亲母亲一定会帮她挑出最好的人，可是这个最好的人，真的是能和她心意想通的人吗？犀角中有白线贯通两端，故又称“通犀”或“通天犀”。唐代李商隐有诗云：“身无彩凤双飞翼，心有灵犀一点通。”“灵犀”就是通天犀，是代表二人心灵相通的信物。李清照不求富贵荣华，她只希望将来的夫君是可以与她倾心相爱、志同道合的伴侣。

李清照怔了半晌才放下笔，茫茫然回到榻上，及至疲倦睡去，那种幽冷仍纠缠着她的梦境。

李格非毫不遮掩炫耀之情地把李清照的作品带给好友们赏鉴。要知道在北宋时期，妇人笔墨是家门私物，不可外传，妇人只能在家中自娱自乐。司马光曾说：“今人或教女子以作歌诗，执俗乐，殊非所宜也。”创作诗词是与女德相抵牾的，虽然比起后世女性只能读《列女传》之类的书而言，北宋还是允许女性读经读史的，但其目的还是通过读这些经史书籍明礼，以之教子孙。李格非却从不被这些迂腐的规则束缚，他从不避讳这是女儿的词作，并邀请这些文坛好友对李清照的诗词作品进行赏评，再把好友们的评论告诉李清照。李清照正是通过这样一种方式提升自己。而这一段时间，李格非看到李清照的词中始终带着淡淡的忧愁，知女莫若父，他大概猜到了女儿的心事。他心里也在盘算着择婿的标准：首先，品性必须过关，要有君子之气；其次，文采要好，最好和女儿能有相同的兴趣。至于家世，李格非还真没考虑过，只要能满足以上两条，能让女儿满意，李格非就不反对。

李格非的首选是上舍与内舍的太学生。

北宋仁宗庆历四年（1044 年），范仲淹推行“庆历新政”，以汴京开封锡庆院兴办学校，招收内舍生两百人，太学从国子监中脱离出来。神宗时，太学扩建，增加学生名额达两千四百人，设八十斋，并重订太学条制，推行“三舍法”。到了眼下，兴建辟雍作为外学，太学再一次扩建，共招生三千八百人。太学生的来源有二：一是官员子弟，免试入学；二是地方平民子弟考入。太学分外舍、内舍、上舍，都是层层选拔。上舍太学生学期满后，经过殿试即可出仕为官。

他在太学任职多年，虽现在离开太学，但对其中的情况还是比较了解的，何况侄子李迥还在太学中读书。他暗中打听了一下太学学生的情况，心下盘算着哪个更适合自己的女儿。

一日，一位戴盖头、着紫背子的媒人来到李家，给李格非递上了赵挺之亲书的求婚启。信中对李格非的为人极为推崇，对李清照的文名大加赞赏，同时表达了幼子明诚对李清照的钦佩与爱慕，表示希望两家能结为秦晋之好。

李格非对赵明诚也很欣赏。平日里，李迥也常邀赵明诚来家里，三人对金石之学都颇有研究，相谈甚欢，因此倒是了解赵明诚的为人，知道他是一个品性纯善、长于金石之学、喜爱诗词、善于作文的太学生。但他并未考虑过要与赵家结亲，赵挺之对苏轼一门都极为憎恶，哲宗年间为打击苏轼不惜附会诬告，致使黄庭坚后半生起复无望。他从未想过赵挺之会与自己结亲。

李格非收下求婚启，表示自己要与妻子商量，请媒人明日再来。他叫来李迥，询问赵明诚平日里是否提起过李清照。李迥笑着告诉叔叔，赵明诚平时里极爱李清照的作品，认为它们可与苏、黄等人的作品一较高低；而且常央告李迥，若是李清照有了什么新作一定要第一时间拿给他看。

每次看完，他都要拉着李迥细细讲解评赏，常沉醉其间忘了身外之事。李迥笑着说："能让德甫痴迷的除了碑刻外，就是妹妹的词作了。"李格非沉吟了一下，拿出求婚启给李迥看。李迥大概看了一眼，有些惊讶地说："德甫会来求亲我并不意外，但他父亲竟然会同意，实是出乎意料。"停了停，他又说："这肯定是德甫自己的主张。"李格非沉吟不语。

午后，李格非拿着求婚启去找王氏。夫妻二人细细地商量着。王氏问赵明诚品性如何，李格非回答说没什么可挑剔的。王氏又问赵明诚的相貌可配得上清照。李格非说容貌清秀、举止文雅。王氏又问赵明诚学识如何。李格非说学识渊博，长于金石碑刻。王氏疑惑地问："老爷还有何犹豫？"李格非叹息道："朝中局势瞬息万变，当今圣上虽有平息元丰、元祐之争的意思，但党争一事由来已久，根深难除。我与赵挺之分属两派，若将来朝中局势再变，只怕会连累清照。"王氏宽慰道："老爷的思虑我明白，父母之爱子，则为之计深远。若真是局势有变，以老爷和赵大人的官职而言，不过是再次被贬出京，或是罢官回家。

赵明诚这孩子宅心仁厚，难道会因为老爷失势就慢待了清照不成？何况，赵明诚明年就要出仕，他自己的俸禄再加上清照的陪嫁，就算赵家有什么变故，他们也能生活，何需我们担忧？不过眼下最重要的是清照自己的意思，若她看不上赵公子，我们担忧这许多，就是白做功夫了。”李格非点头称是，虽然他心中仍对党争有所顾虑，但对赵明诚十分满意，终于同意了这门亲事，让王氏去询问李清照的意思。

早在媒人上门时李清照就知道信儿了。她的小侍女在媒人上门时远远瞧见了，一溜烟儿地跑去告诉李清照。李清照有些焦急地问：“知道是哪家公子吗?”小侍女说：“那我可不知道，我也不敢凑上去偷听啊。不过小姐放心，若是那人品不好、相貌丑陋之人，老爷肯定会一口回绝。若是夫人来问小姐，那一定是老爷心目中的乘龙快婿。”李清照闻言微微一笑，她自是相信父母的眼光，只是合适的并不代表就是喜欢的。

王氏来时，李清照正看着花瓶中的梅花发呆。窗外她亲手种下的江梅，那梅花花期晚，现在这时节连个花苞都没有，瓶中的梅花是堂兄从集市里买给她的。

王氏素知李清照是个爱憎分明、洒脱干脆的女孩，所以她也不拐弯抹角，开门见山地告知清照自己的来意。当李清照听说来提亲的是赵明诚时，不禁一愣，想起了一件往事。

> 蹴罢秋千，起来慵整纤纤手。露浓花瘦，薄汗轻衣透。
>
> 见客入来，袜刬金钗溜。和羞走，倚门回首，却把青梅嗅。
>
> ——《点绛唇》①

荡秋千是李清照非常喜欢的一项活动。她的胆子很大，技术又好，秋千总是荡得又高又稳，可是在别人眼中却是惊险万分，惹得小侍女不停惊呼。李清照听小侍女的惊呼心下却愈觉痛快，故意再荡得高一些。秋千在风中高高飞起再急速落下，带起的风吹动周围的花木，李清照的衣裙在风中飘起，仿佛御风而行一般。只有在此时，李清照才觉得是自由的，平日里被院墙挡住的景

①［宋］李清照著，陈祖美编著，《李清照词新释辑评》，中国书店，2003年1月第1版，第28页。

物呈现在眼前，她仿佛看到了绵延的山脉，看到了蜿蜒的河流，看到了平原，看到了集市。风快速地从耳边掠过，世间景物沉到脚下，天地之间，除了自己就只有疾风、白云和蓝天。她像一只轻灵敏捷的燕雀穿梭于空中，世间所有的烦恼纷扰都被抛在身后。

去年的初夏，李清照依旧在院中荡秋千，刚刚尽了兴，在秋千的横板上坐下休息一会儿。她出透了一身汗，额头的秀发都被汗打湿，粘在了脸颊上。她却毫不在意，懒懒地坐在秋千上微微晃动，平复着剧烈的心跳。一旁的小侍女不停地催促她回屋换衣服，莫要着凉。李清照只是笑话她："都什么时候了，还着凉?"这时前院传来一阵响动，小侍女跑到院门口一边向前院张望，一边对李清照说："小姐，好像来客人了。""哦？谁啊?"李清照依旧懒懒地问。小侍女探头探脑地看着，李清照笑道："小心点，被母亲看到，又要说你不懂规矩了。"小侍女轻呼一声："小姐，是位年轻的公子呢。"李清照听了一惊，李家的格局很小，勉强分成了几个小小的部分，虽然有花木院墙隔着，也容易被看到。她吓得跳下秋千，一手扶着金钗，一手提着罗裙，忙向屋里跑去。小侍女连声轻喊："小姐，慢些呀!"李清照跑到一棵梅子树下，停了下来，好奇心又占了上风，她假装闻着树上青梅小小的果实，偷偷向前院张望。这个角度前院的人是看不到她的，她看到一个男人背对着她走进堂屋。那是一个陌生的身影，身姿挺拔清瘦，穿着太学生的白襕衫。她还看到父亲在门口迎接那个年轻人。能得到父亲的青睐，那肯定是品性、才华俱佳吧！李清照如是想着。小侍女在一旁低声碎碎念着，李清照也知道自己现在的样子很狼狈，但她丝毫不觉得害羞，反而来了兴致，又抛下小侍女快步跑回屋中，提笔写下了《点绛唇·蹴罢秋千》一词。写罢她又念了两回，才在小侍女的催促下去洗漱更衣。后来小侍女告诉她那天来访的是赵明诚。之后，她偶尔听堂兄提及赵明诚，多是他对金石碑刻的见解，有些还颇符合她的心意。如今知道来提亲的竟然是他，李清照的心不由荡漾了一下。

王氏看李清照的神色突然现出几分羞意，不由笑道："清照知道他?"李清照有些害羞地说："听堂兄提过几次。"王氏看她小女儿的情态，笑问道："李迥和你说什么了？"李清照回答："堂兄说他擅长金石之学，对碑刻尤其精通。"王氏笑了，说："李迥那孩子只和你说了一半，那个赵公子可是极痴迷于你的词，你的每一首词他都倒背如流，常拉着李迥品评你的词。"李清照的脸红了。王氏又道："你父亲见过赵公子，说是一位宅心仁厚的君子，相貌也不俗，才华也配得上你。赵家在青州，我们在章丘，相隔不远，赵家也不是什么侯门巨户，规矩没那么多。"李清照含羞不语。王氏笑道："你不说话，那就是同意了。"李清照低着头轻声应"是"。

王氏回到房中，告诉李格非李清照同意赵明诚的求亲了。夫妻二人连夜准备草帖。王氏拟了陪嫁的礼单，包括李清照生母当年带过来的全部嫁妆和自己带来的一部分嫁妆。李格非则把老家的一部分田产给李清照当陪嫁。李家不过是小康之家，并无万贯家财，但夫妻二人仍是竭尽所能为李清照准备了一份体面的嫁妆。

第二天，媒人带着草帖回赵家复命。

很快赵家就送来一对木刻的大雁。《仪礼·士昏礼》中说："昏礼。下达。纳采，用雁。"在完整的婚姻礼节中，大雁是必不可少的事物。纳采时，男方应向女方家送一对活雁。宋代，士庶婚礼按理说一般还是以活雁为礼，也可以木刻之雁来替代。大雁在结亲中有着特别的意义。《朱子语类》中谈到“士婚”时指出：“昏礼用雁，婿执雁，或谓取其不再偶。”

走过一套烦琐的程序后，二人的亲事终于确定下来。建中靖国元年（1101年），李清照与赵明诚举办了婚礼，是年李清照18岁，赵明诚21岁。

凤凰于飞

雪里已知春信至，寒梅点缀琼枝腻。香脸半开娇旖旎，当庭际、玉人浴出新妆洗。

造化可能偏有意，故教明月玲珑地。共赏金尊沉绿蚁，莫辞醉、此花不与群花比。

——《渔家傲》①

李清照对这段婚姻是有着绝对的自信的。无论是对自己还是对赵明诚，她都认为他们二人的

①［宋］李清照著，陈祖美编著，《李清照词新释辑评》，中国书店，2003年1月第1版，第32页。

亲事是天作之合。“香脸半开娇旖旎，当庭际、玉人浴出新妆洗。”已经定亲的李清照一扫之前的幽怨，明媚之色重现于她的面庞，不再是之前面对春日好景都懒得梳妆了，而是把时下流行的新妆容都尝试一遍，当是“光彩焕发，转动照人”。

“造化可能偏有意，故教明月玲珑地”，李清照对自己的选择充满自矜自得之情。她以梅自喻，表示造化对自己的钟爱，让她能遇到一个“共赏金尊沉绿蚁”的人，既是合适的，又是喜欢的。年轻的李清照，彼时词风还未完全成熟，即使在旖旎的氛围中仍有着逼人的锐气，却也彰显着少女时代优越生活带来的幸福与自信。“莫辞醉、此花不与群花比”，表面虽是说蜡梅花得天地造化之钟爱，不屑与其他花争艳，实际却是在表明自己于爱情得一爱侣，于诗词佳作频出，于家庭有父母疼爱。此时的李清照当真是占尽良辰美景，看遍赏心乐事。

新婚之后的生活，确实如李清照期待的那样幸福而甜蜜。

卖花担上，买得一枝春欲放。泪染轻匀，犹带彤霞晓露痕。

怕郎猜道，奴面不如花面好，云鬓斜簪，徒要教郎比并看。

——《减字木兰花》[1]

夫家虽然位高权重，但规矩没有想象的那么严苛，公公素日里只处理公务，并不参与家务事；婆婆偏疼幼子，爱屋及乌，对李清照也亲厚得多。公婆不干涉他们夫妻的生活，李清照晨昏定省之外可以做自己喜欢的事。因为赵明诚尚在太学之中，没有收入，郭氏知道幼子爱好收集金石碑刻，私下里还会补贴小夫妻一点家用。两人新婚宴尔，浓情蜜意，空气中似乎都散发着甜美的味道。

此时的李清照浑身上下充满了小女儿的情态，在喜欢的人面前，撒娇扮痴，千娇百媚。赵明诚尚在太学上学，每月只能请假回家两次，小夫妻每次团聚都难舍难分。李清照这一时期的词流传下来的不多，最有代表性的就是《减字木兰花》和《庆清朝·禁幄低张》。而这首《减字木兰花》更是因为词中小夫妻之间的浓情蜜意而被质疑。

①[宋] 李清照著，陈祖美编著，《李清照词新释辑评》，中国书店，2003 年 1 月第 1 版，第 44 页。

赵万里辑《漱玉词》云："词意浅显，亦不似她作。"这首词与李清照的其他词相比确实显得轻巧许多，意思直白，感情也只是闺阁床帏之间的卿卿我我，但这理应符合当时李清照的生活状况。在蜜月期的李清照与赵明诚无论在哪个方面都对彼此极为满意，他们有相同的爱好，对诗词歌赋有相同的见解，对待政治时事有相同的观点，他们不仅是夫妻更是知己。李清照在《金石序后序》中记录了这一时期两人的美好时光：

> 余建中辛巳，始归赵氏。时先君作礼部员外郎，丞相时作礼部侍郎，侯年二十一，在太学作学生。赵、李族寒，素贫俭。每朔望谒告出，质衣，取半千钱，步入相国寺，市碑文、果实归，相对展玩咀嚼，自谓葛天氏之民也。①

李、赵两家虽为官宦人家，但李格非与赵挺之为官都是清廉自律的，而汴京的生活成本要远高于其他地方，赵明诚此时又无独立的经济来源，

①［宋］赵明诚著，刘晓东、崔燕南点校，《金石录》，齐鲁书社，2009 年 4 月第 1 版，第 257 页。

只能依附于父母生活。当时两人的收入并不足以支持他们的爱好——研究金石文物。金石学的“金”主要是指青铜器及其铭文，“石”主要是指石刻文字，研究对象主要是商代以后的文化遗存，主要研究的是青铜器和石刻资料。金石学形成于北宋时期，欧阳修是金石学的开创者，其学生曾巩的《金石录》最早提出“金石”一词，清代王鸣盛等人正式提出“金石之学”这一名称。金石之学并不是简单地赏玩，而是一种考据研究。但做金石研究往往是个人爱好，因此金石之学又兼有了收藏的性质。在古代进行金石研究投入的不仅是时间、精力，还有金钱。

面对拮据的财政状况，夫妻二人并未放弃共同的爱好。赵明诚每逢初一、十五就会告假回家，他先去当铺典当衣物，换来五六百钱，然后去大相国寺“淘宝”。北宋的大相国寺是寺院也是京城最大的商业交易中心，“每月五次开放万姓交易”。宋人笔记《燕翼贻谋录》记载：“东京相国寺乃瓦市也，僧房散处，而中庭两庑可容万人，凡商旅交易，皆萃其中，四方趋京师以货物求售、转售他物者，必由于此。”《东京梦华录》比较详细地记述了大相国寺“万姓交易”的热闹场面，其间商品种类繁多，琳琅满目，与今时无异。有专门的宠物市场——“大三门上皆是飞禽猫犬之类，珍禽奇兽，无所不有”；有日用百货市场——“第二、三门皆动用什物，庭中设彩幕露屋义铺，卖铺合、簟席、屏帏、洗漱、鞍辔、弓剑、时果、腊脯之类”；接近佛殿处则主要是宗教文化用品市场，销售“孟家道冠、王道人蜜煎、赵文秀笔及潘谷墨”等；两廊处卖的是诸寺尼姑手工制作的工艺品，有各种“绣作、领抹、花朵、珠翠、头面、生色销金花样、幞头、帽子、特髻冠子、绦线之类”；殿后资圣门前是个文物市场，所卖“皆书籍、玩好、图画及诸路罢任官员土物香药之类”；后廊买卖的则是占卜算卦之人的用品，“皆日者（占卜者）货术、传神之类”。

赵明诚在文物市场里精心挑选自己中意的金石拓片、古玩器皿，然后再买上一些李清照爱吃的坚果蜜饯，兴冲冲地回家。

李清照会亲手沏上茶，配着赵明诚带回的零食，夫妻二人凑到一处仔细研究、辨伪。有时他们也会出现分歧，但是两人都会心平气和地说出自己的理由，直到寻到一个真正的答案。如果最后二人仍没有达成共识，就把分歧暂时放在一边，等有更多的证据时再向对方解释。两人在共同喜欢的领域内，如鱼得水，互相扶持。李清照的加入让赵明诚的研究如虎添翼，赵明诚对金石碑刻进行系统地整理，让李清照在文学创作之外又寻找到一个施展才华的新天地。

说不完的话题，每次都有新鲜感的事物，让二人的感情迅速升温。也许在最开始李清照还有些自矜自持，但随着对赵明诚的依恋逐渐加深，她敞开了心扉，放下了才女的清高，对丈夫展现了最柔软的自己。她向赵明诚展现了一个最真实的自我：会撒娇、会吃醋、会开玩笑，还会偶尔耍赖的小女人形象。她会为了迎接丈夫的归来而特意去买一束待放的鲜花，“一支春欲放”，是花也是心情，为赵明诚的归来而雀跃不已；“泪染轻匀，犹带彤霞晓露痕”，是花也是妆容，丈夫马上要回家了，小妻子细细地化了最明艳的妆容，眼角眉梢都带着春意；当她看到自己精心挑选的花束时，却又担心花儿过于美丽，抢夺了丈夫的注意力，所以她挑了一枝最美丽的插在鬓发之上，等丈夫回来后定要问问他是花美还是人美。这真的是比较花与人孰美吗？不，这是一种对爱情的自信，对幸福的骄傲，这是夫妻间的情趣。面对这个问题赵明诚一定会含着笑，回答："花美，但簪花的人更美。"这首《减字木兰花》确实没有什么深意，也没有什么委婉的意境，但更符合李清照的脾气。她作词只是写给自己的，并不求得他人的赞同，她的洒脱、直接从开始到最后都没有变过，只是这个时候她还没有遭受过那么多的挫折，对于那些苦难她虽然能共情，却从未想过会发生在自己身上。此时她还只是个被父母、兄长、丈夫捧在手心里疼爱的女孩，虽已嫁作人妇，却仍充满天真烂漫，她的幸福就是要大声说出来，她对赵明诚的爱就是要毫不掩饰。这首词意境虽浅，却充满真性情，这才是李清照的特色。

禁幄低张，彤阑巧护，就中独占残春。容华淡伫，绰约俱见天真。待得群花过后，一番风露晓妆新。妖娆艳态，妒风笑月，长殢东君。

东城边，南陌上，正日烘池馆，竞走香轮。绮筵散日，谁人可继芳尘。更好明光宫殿，几枝先近日边匀。金尊倒，拼了尽烛，不管黄昏。

——《庆清朝》①

清明时节，汴京热闹非常。《清明上河图》描画的就是北宋时期的盛世繁华。孟元老在《东京梦华录》卷七中记载："寒食第三节，即清明日矣。凡新坟皆用此日拜扫。都城人出郊。禁中前半月，发宫人车马朝陵。宗室南班近亲，亦分遣诣诸陵坟享祀，从人皆紫衫白绢三角子青行缠，皆系官给。节日，亦禁中出车马，诣奉先寺、道者院、祀诸宫人坟。莫非金装绀幰，锦额珠帘，绣扇双遮，纱笼前导。士庶阗塞诸门，纸马铺皆于当街用纸衮叠成楼阁之状。四野如市，往往就芳树之下，或园囿之间，罗列杯盘，互相劝酬。都城之歌儿舞女，遍满园亭，抵暮而归"。清明既是祭祖之日，也是人们踏青赏春的开始。太学放假三日，李清照与赵明诚亦有时间相携出游。

崇宁元年（1102 年），李清照嫁给赵明诚已

①［宋］李清照著，陈祖美编著，《李清照词新释辑评》，中国书店，2003 年 1 月第 1 版，第 36 页。

快一年了，二人的感情仍是如胶似漆，他们的生活仍然闲适高雅。只是李清照多多少少还是要受到一定的约束，不似在家时那般自由自在。但赵明诚不会委屈她，有了机会，二人就会相伴出游。宋代的清明时分大概相当于现今的5月份，此时已是春末夏初，春花俱已谢尽，唯留芍药“独占残春”。如果仔细品鉴我们会发现，在李清照新婚一年这段时间内创作的词作中都含有“独占”之意，如《减字木兰花》中要独占丈夫的注意力，而在这首词中则是独占暮春的花期。这种独占的感情，正是源于对赵明诚的爱，她想要获得赵明诚全部的爱与忠诚，要做那“一生一世一双人”的佳偶。对此，她有着满满的自信，因为无论从哪方面看，她都是最出色的。“容华淡伫，绰约俱见天真”，素色的芍药，如庄子《逍遥游》当中的姑射仙人，“肌肤若冰雪，绰约若处子”，自有一种自然天成的风流婉约之态。“待得群花过后，一番风露晓妆新。妖娆艳态，妒风笑月，长殢东君”。艳丽的芍药，自有妖娆之姿，千娇百媚之态足以让风月都为之嫉妒，这种勾魂摄魄的美丽能让司春的东君为之留恋不去。这真的是在写芍药吗？当然不是，这是李清照的自画像，她就像是苏轼笔下的“浓妆淡抹总相宜”的西湖，无论做何打扮都是姿容过人，气质超群，不与他人相同。他们是夫妻亦是知己，所以她有绝对的自信能独占赵明诚的爱，能得到他全部的忠诚。“东城边，南陌上，正日烘池馆，竞走香轮”，他们可以一起尝遍天下美食，看遍人间美景，可以相伴同行于金石之学漫漫的研究之路上。“绮筵散日，谁人可继芳尘”，他们是彼此的唯一陪伴，无人可取代。“更好明光宫殿，几枝先近日边匀。金尊倒，拼了尽烛，不管黄昏”，在这太平盛世之中，两人尽赏这繁华之景，白日将尽，就似这人生定会有低潮，但只要两人同心同行，何必在乎是不是黄昏已降。酒尽、人醉、日落，但情不变，道亦不变。

年轻的李清照，洒脱又直率，天真而富有锐气，对爱情有着浪漫的向往与甜蜜的期待，对自己的婚姻有着满满的自信，对赵明诚有着绝对的信任。幸福使人沉沦，苦难令人成长。崇宁元年（1102 年）七月之后，李清照就再难有如此纯粹的欢愉之词，她就像是蚌中的珍珠，在漫长的岁月中被痛苦一点一点磨砺出耀眼的光彩。

第三章
明镜分鸾凤

北宋末年，太多的人因一己私欲而将江山社稷玩弄于股掌之上。从向太后立赵佶为帝开始，北宋文人“先天下之忧而忧，后天下之乐而乐”的情怀如春日残雪，几乎消融殆尽。新党的核心成员与宋徽宗赵佶“志同道合”，大肆打击、罢黜旧党官员，致使新旧两党积怨更深，最终将北宋王朝送上了不归路。

绍述神宗

建中靖国元年（1101 年）十一月，时任起居郎的邓洵武对徽宗进言：“陛下乃先帝子，今相忠彦乃琦之子。先帝行新法以利民，琦尝论其非，今忠彦为相，更先帝之法，是忠彦能继父志，陛下为不能也。必欲继志述事，非用蔡京不可。”他建言徽宗应绍述神宗，攻击左相韩忠彦并推荐蔡京为相。这并不是因为他认为蔡京是治理国家的良臣，而是因为蔡京的书法受到宋徽宗的喜爱与赞赏。他观察到，宋徽宗任人唯亲，说而不绎，从而不改。哲宗朝，邓洵武为国史院编修官，在编撰《神宗史》的过程中，为了向蔡卞献媚邀功，扭曲史实，极力诋毁、诬蔑宣仁太后，还升职为起居舍人。徽宗初年，他重新担任与编撰历史有关的官员，御史陈次升、陈师锡上书反对，说：“洵武父绾在熙宁时以曲媚王安石，神宗数其邪僻奸回，今置洵武太史，岂能公心直笔，发扬神考之盛德，而不掩其父之恶乎？且其人材凡近，学问荒缪，不足以污此选。”宋徽宗没有听从谏言，仍升他为起居郎。从自身的经历中，邓洵武感受到投君王所好、依附重臣的好处，他看出徽宗对蔡京的欣赏，由此他预料蔡京受到重用是早晚的事。他推荐蔡京不过是顺水推舟，将来蔡京得势，必会回报他的举荐之恩。

宋徽宗确被说动，起了绍述神宗的想法，但暂未打算启用蔡京，于是邓洵武做出一副可怜相，表明现在朝廷重臣中旧党占了大多数，新党唯有执政温益一人，如不能把蔡京召回为相，那绍述大业恐难完成。徽宗听后深觉有理，温益也大力支持。

建中靖国元年（1101 年）十一月，朝廷决定自明年起改年号为崇宁元年，明确宣示放弃调和政策，改为崇法“熙宁变法”。从此时开始，新党对元祐党人开始了新一轮的迫害，在把与元祐旧臣有关的大臣都贬出朝廷后，新党开始了内部的倾轧。

此时的新党早已不是真正的变法派，崇法“熙宁变法”也不过是他们排除异己、巩固势力的幌子。最初，曾布支持立赵佶为帝，得徽宋信任。徽宗初期，章惇被贬后他得以拜相。韩忠彦为左仆射，曾布为右仆射，但曾布不容韩忠彦，“忠彦虽居上，然柔懦，事多决于布，布犹不能容”；韩忠彦被罢职，曾布独自掌权。曾布早年曾提拔温益，但温益在哲宗初年背叛了曾布，曾布罢了他的官，两人由此结怨。不久，崇宁元年（1102 年），蔡京为尚书左丞。曾布与蔡京不和，又为徽宋厌恶，温益落井下石，曾布被罢为观文殿大学士、润州知州，大观元年（1107 年）病逝于润州。

蔡京取代曾布为右仆射，崇宁二年（1103 年）二月，又迁任左仆射。徽宗打算设置右相，蔡京极力推荐赵挺之，于是徽宗任命赵挺之为尚书右丞。蔡京以为赵挺之会对他言听计从，但赵挺之与蔡京、温益等人是有本质区别的，虽然他积极参与党争，但他不是政治投机分子，他自始至终都是支持“熙宁变法”的，并且他的为官之道更多的是从维护北宋江山社稷出发，而不是单纯为君主个人服务。他的身上仍保留着北宋士大夫为国为民的为官准则。崇宁五年（1106 年），赵挺之进拜尚书右仆射，蔡京短暂被罢黜，但大观元年（1107 年）正月蔡京再相，对赵挺之展开打击报复。三月，赵挺之被免去右仆射之职，五天之后就去世了。蔡京没有放过他的家人，罗织罪名诬陷赵挺之家人。至此，在北宋朝堂的执政核心中，再也没有为天下苍生考虑的官员了。

对于蔡京的评论就不用多提了，他是导致北宋衰落的重要人物之一；曾布也是毁多于赞，尤其是晚年为争权，党同伐异，无所不用其极，实不负“奸佞”之称；而温益则更是无一可赞，《宋史》中对其评价：“益仕宦从微至著，无片善可纪，至其狡谲傅合，盖天禀然。”①

这样一群人，“你方唱罢我登场”，北宋末年的政治风气更加腐败黑暗，“熙宁变法”积累下的财富到此时全部消耗殆尽。“覆巢之下焉有完卵”，在这样剧烈变化的政治旋涡中，独善其身难矣。

勒碑重遣

建中靖国元年（1101 年）苏轼去世后，蔡京等人仍把他定为新党的首领之一，不肯放过他。崇宁元年（1102 年）五月庚午，“降复太子太保司马光为正议大夫，太师文彦博为太子太保，余各以差夺官”并表示对元祐党人的处理到此为止，以后不再提及此事了；同年八月丙子，“诏司马光等二十一人子弟毋得官京师”。九月己亥，“籍元祐及元符末宰相文彦博等、侍从苏轼等、余官秦观等、内臣张士良等、武臣王献可等凡百有二十人，御书刻石端礼门”。这是最早版本的“元祐党人碑”。同时，朝廷对韩忠彦也是一贬再贬。

崇宁二年（1103 年）对元祐党人及其亲族、

①[元] 脱脱等著，许嘉璐、倪其心编，《二十四史全译·宋史》（第十二册），2004 年 1 月第 1 版，第 7655 页。

门生的处理愈发严酷。三月壬午，“诏党人子弟毋得擅到阙下，其应缘趋附党人、罢任在外、指射差遣及得罪停替臣僚亦如之”。四月丁卯，“诏毁刊行《唐鉴》并三苏、秦、黄等文集”；戊寅，“夺王珪赠谥，追毁程颐出身文字，其所著书令监司觉察”。七月乙巳，“诏责降人子弟毋得任在京及府界差遣”。九月辛巳，“诏宗室不得与元祐奸党子孙为婚姻，内已定未过礼者并改正”。同月辛丑日，“令天下监司长吏厅各立‘元祐奸党碑’”。至此，朝廷正式将“元祐党人碑”称之为“元祐奸党碑”，并要全国刻立。

崇宁三年（1104 年），“夏，四月，甲辰朔，尚书省勘会党人子弟，不问有官无官，并令在外居住，不得擅到阙下”，六月戊午，“诏重定元祐、元符党人及上书邪等者合为一籍，通三百九人，刻石朝堂，余并出籍，自今毋得复弹奏”。直到此时，终于定下了“元祐党人碑”的最终名单。在这个名单上的所有人及其家人、门生都受到了极为严酷的迫害。李格非从第一版时就名列其中。从其后名单的变化中可以看出，朝廷对旧党的迫害一直在扩大化，崇宁二年（1103 年）被拜为尚书左丞的张商英只是因为与蔡京意见相左，斥责蔡京的所作所为不过是逢迎徽宗，就被人翻出早年所写的《元祐嘉禾颂》及《司马光祭文》，被划为旧党，刊入元祐党籍。由此可见，所谓的“元祐党人碑”不过是蔡京等人借绍述之名打击异己的手段而已。

从《宋史·赵挺之传》来看，赵挺之并不是后世所批评的小人，他为官为人都有可取之处。赵挺之最为人所诟病的当属对元祐党人不遗余力地排挤、打击、报复。

赵挺之与苏轼、黄庭坚的恩怨由来已久，在这场旷日持久的争斗中，赵挺之最终占了上风，让黄庭坚的后半生一直不被重用，被一贬再贬，最终死于贬所。但这场悲剧的起源并不能一味地都归结到赵挺之的身上。

赵挺之是坚定的变法派。早在“王安石变法”时，他就支持新法。元丰七年（1084 年），他与黄庭坚几乎前后脚来到山东德州任职。黄庭坚是德州德平镇的镇监，赵挺之是德州通判。赵挺之想把德平镇作为试点推行“市易法”，试图通过政府管理市场贸易增加税收。但黄庭坚作为主管集市、税收和治安的官员拒不执行，“谓镇小民贫，不堪诛求”。黄庭坚不支持变法，他担任地方官，看到变法并未给百姓的生活带来任何改善，反而让他们更加贫困。“市易法”早在神宗熙宁五年（1072年）就已开始实施，主要内容是由政府管控市场交易，于汴京设都市易司，边境和重要城市设市易司或市易务，平价收购市上滞销的货物，市场短缺时再卖出；并允许商贾贷款或赊货，按规定收取息金。这项措施的出发点是好的，是想借此种方法限制大商人对市场的控制，有利于稳定物价和商品交流，增加政府的财政收入。但真正实施起来弊大于利，甚至一度造成城市商业与市场的萎缩与萧条，主要原因就是国家对商业贸易的调节最终蜕变成国家垄断市场、货源、价格，想做生意都要先过政府官员这几道关口，致使城市工商业开始凋零。北宋与以往的封建王朝不一样，它对商业的重视远胜其之前的朝代，商业是北宋国家重要的经济支柱与财政来源，因此商业若是凋零，则北宋社会发展必受重挫。“市易法”的出发点虽是好的，但用人不当，短时期富了国家却穷了百姓。黄庭坚对“市易法”的效果早就见识到了，因此他以德平镇地小人贫、商业不发达为由，拒绝推行“市易法”。赵挺之遂与他展开论战，两人争论不休，但最后也没有个结果，不了了之。

但德平镇“市易法”之争并不足以让二人成为不死不休的仇人。二人最初也只是政见上的不和。起初，赵挺之对待苏轼及黄庭坚的态度不得而知，但还远不到憎恶的程度。黄庭坚在《题乐府〈木兰诗〉后》说：“唐朔方节度使韦元甫得于民间，刘原父往时于秘书省中录得。元丰乙丑五月戊申，会食于赵正夫平原监郡西斋，观古书帖甚富，爱此纸得澄心堂法，与者三人，石辅之、柳仲远、庭坚。”这件事发生在元丰八年（1085年）五月。赵挺之，字正夫。会食，就是聚集在一起吃饭。前文说过，赵挺之是一位金石爱好者，而且其祖辈、父辈都是此道的爱好者，因此他的收藏颇成规模。元丰八年五月时，他在德州的官宅中招待石辅之、柳仲远和黄庭坚，并在饭后带他们赏玩了自己的收藏，黄庭坚看过后甚是羡慕。从这件事来看，至少在元丰八年时，他们还能和平共处，甚至还能一起吃饭、私下聚会。

元丰末元祐初，高太后并未开始清算变法，

新党一众暂时安稳，其间赵挺之通过皇帝的面试进入秘阁任馆职。北宋时，秘阁既是地名又是官名。北宋太宗太平兴国年间新建昭文馆、集贤院、史馆等三馆贮藏图籍，总名为崇文院；端拱元年（988 年），在崇文院中堂建阁，称秘阁，收藏三馆书籍真本及宫廷古画墨迹等，有直秘阁、秘阁校理等官。元丰改制，并归秘书省。秘阁看似像图书馆或书画馆，实际在北宋时是非常重要的地方。从北宋初期开始，三馆就是储备人才的地方。在秘阁未建之前，在三馆供职统称为阁职，是武臣文官人才的选拔之处；元丰改制以后的秘书省中秘书监至正字，通称馆职。到元祐年间，虽屡经改制，但其重要性依旧。文官入选馆职成为升迁中央要职的捷径，其他官员亦以带职为荣。因此，馆职选任很严格，而一经选任可能就会平步青云，这对赵挺之的意义有多重要不言自明。但他的入职之路并不平稳，苏轼得知他要担任馆职时，质疑道："挺之聚敛小人，学行无取，岂堪此选？"大意是，赵挺之是只知道敛财的小人，才华与品行都没有什么可取之处，怎么能让他进秘阁呢？赵挺之的才华不在诗词之中，但他在策论上应该是很有造诣的。苏轼的这番言论对赵挺之而言相当于晋升的大门就在眼前，可是有人却拦着不让进。因此赵挺之听闻后，对苏轼极为憎恨，“挺之深衔之”。

与赵挺之同时入职的还有苏轼最得意的弟子黄庭坚。本来两人只是政见不同，平时并无私人恩怨，但此时旧党占了上风，秘阁中人数较多，因苏轼对赵挺之的厌恶，旧党众人也对赵挺之很不客气。王明清《挥麈后录》卷六记载——“赵正夫丞相元祐中与黄太史鲁直俱在馆阁，鲁直以其鲁人，意常轻之。每庖吏来问食次，正夫必曰：‘来日吃蒸饼。’一日聚饭行令，鲁直云，欲五字从首至尾各一字，复合成一字。正夫沉吟久之，曰：‘禾女委鬼魏。’鲁直应声曰：‘来力勑正整。’叶正夫之音，阖座大笑。正夫又尝曰：‘乡中最重润笔，每一志文成，则太平车中载以赠之。’鲁直曰：‘想俱是萝卜与瓜虀尔。’正夫衔之切骨，其后排挤不遗余力，卒致宜州之贬。”赵挺之是山东人，有较重的口音，山东人喜食面，每日的食物基本固定，这一切都成为被嘲笑的地方。尤其是才情智商、在士人中的地位皆高出赵挺之的黄庭坚，其言语的杀伤力更是厉害。黄庭坚专为赵挺之挖了一个坑，设了一个字谜似的游戏，赵挺之并未察觉到其中的陷阱，真的参与了进来。而黄庭坚正是等着这个，不管赵挺之对什么，他的下一句都是“来力勑正整”，发音和“来日吃蒸饼”相差无几。如果说这只是嘲弄赵挺之的乡音，接下来的事，就是直接否定赵挺之的才华。“润笔”的丰厚代表了主家对作品的满意程度。太平车主要是平原地区使用的运输货物的大车，一般用四匹马或两匹健骡拉行。当时拥有太平车者多是些富裕人家或商行货栈。赵挺之说乡中以太平车载润笔来送给他时，内心是不无得意的，是想说自己的才华得到了承认。而黄庭坚却说车中之物都是萝卜青菜，用以贬低赵挺之的文笔。赵挺之在秘阁中处在一种被孤立、被嘲弄的处境。

子曰：“以德报怨，何以报德?”赵挺之对苏轼一门的反击从元祐二年（1087 年）就开始了。《宋史·赵挺之传》记载：“至是，劾奏轼草麻有云‘民亦劳止’，以为诽谤先帝。”[1] 赵挺之被任命

①[元] 脱脱等著，许嘉璐、倪其心编，《二十四史全译·宋史》（第十二册），2004 年 1 月第 1 版，第 7805 页。

为监察御史，有一项职责就是对百官的言行进行监督，对官员不合礼、有错的地方进行弹劾。赵挺之就是利用这个权力弹劾苏轼起草的诏书中“民亦劳止”是诽谤先皇。“民亦劳止”出自《诗经·大雅·民劳》，意思是“人民实在太辛劳了”。而从全文来看，还有劝告君王要爱护百姓、远离小人的意思。赵挺之说苏轼引用这句诗是“诽谤先帝”其实是指：苏轼批评神宗推行变法让百姓劳苦不堪；再引申一步，神宗皇帝重用王安石等变法派是错用小人、佞臣。赵挺之试图用先皇压倒苏轼，但当时的执政者已是神宗的母亲，她对此没有什么过激的反应，从史书的记载来看，这次弹劾没对苏轼造成太大影响。但赵挺之对苏轼与黄庭坚的报复是持久的，毫不松懈的。同年十二月，他又弹劾苏轼，“丙午，赵挺之奏：‘苏轼学术，本出《战国策》纵横揣摩之说。近日学士院策试廖正一馆职，乃以王莽、袁绍、董卓、曹操篡汉之术为问。使轼得志，将无所不为矣。’”苏轼曾说他的才华品性皆无可取之处，他此时则回击：你苏轼名满天下，可是你的才华的源头却是学习战国时期那些游说诸国的纵横家，思想源头是王莽、袁绍、董卓、曹操这些篡夺汉室皇权的奸贼。他由苏轼拟出的馆职考试题推定，苏轼怀有不臣之心，如果让苏轼成为核心重臣，那他可能就会成为司马懿之类的人。这种指控是非常严重的，是把苏轼放在谋权篡位的奸人之列。虽然当权者并不会真的认为苏轼要颠覆赵氏江山，但听到这种说法总是不太开心的。赵挺之并不会因执政者的没反应就放弃。只要一有机会，他就会利用自己监察御史的权力弹劾苏轼。元祐四年（1089 年），苏轼自请外调。此事的导火索是“轼尝读祖宗《宝训》，因及时事，历言：‘今赏罚不明，善恶无所劝沮；又，黄河势方北流而强之使东：夏人寇镇戎，杀掠几万人，帅臣掩蔽不以闻，朝廷亦不问，恐宫成衰乱之渐。’当轴者恨之，赵挺之、王觌攻之尤甚。”当然，只是赵挺之表现得最突出而已，能起到的作用恐怕是有限的。其间，元祐党人内部开始分裂，出现了“洛蜀党争”，苏轼虽是元祐党人，却并没有多受待见，而来自内部的伤害才更让他心寒，因此“轼知不见容，请外”，苏轼被“罢为龙图阁学士、知杭州”。

赵挺之同样没有放过黄庭坚。黄庭坚被一贬

再贬，最终死于宜州与他有着直接的关系。《宋史·黄庭坚传》记载："庭坚在河北与赵挺之有微隙，挺之执政，转运判官陈举承风旨，上其所作《荆南承天院记》，指为幸灾，复除名，羁管宜州。三年，徙永州，未闻命而卒，年六十一。"①

元祐二年（1087 年），苏轼任颍州太守，陈师道于徐州州学为教授，苏轼希望收他为弟子。陈师道以"向来一瓣香，敬为曾南丰"，婉言推辞。但陈师道仍执弟子礼待苏轼。可以说，陈师道与苏轼是极为亲厚的，与黄庭坚更是莫逆。而陈师道之妻与赵挺之之妻却是亲姐妹。《朱子语类》中记载——"陈无己赵挺之邢和叔，皆郭大夫婿。陈在馆职，当侍祠郊丘，非重裘不能御寒气。无己止有其一，其内子为于挺之家假以衣之。无己诘所从来，内以实告。无己曰：汝岂不知我不著渠家衣耶。却之，既而遂以冻病而死。"陈师道宁可冻死都不穿赵挺之的衣服。陈师道卒于建中靖国元年十二月廿九（1102 年 1 月 19 日），时年 49 岁，未入元祐党籍。

---

①[元] 脱脱等著，许嘉璐、倪其心编，《二十四史全译·宋史》（第十五册），2004 年 1 月第 1 版，第 9628 页。

从李清照所写的文字中可以看出，她对这位公公还是很尊敬的。而据一些历史记载来看，赵挺之为人虽不算是仁厚君子，甚至有些气量狭小，但也算是有骨气；为官虽有趋炎附势，但亦能坚持自己的原则。

赵挺之的政治才能是毋庸置疑的。他在德州做通判时，遇到士卒哗变攻进官府。其他人纷纷逃开，只有他仍坐在大堂之上，大声制止激动的士卒，问明情况，先给士卒们解决了问题，又惩治了带头闹事的人，这场风波就这样平息了。

魏州境内的黄河多次决口，有人建议把宗城县迁到其他更高的地方。转运使让赵挺之去视察。赵挺之仔细考察了两个地方后，回复转运使说："县城远离高原一千多年了，河水从未进犯县境。现在要迁到的地方不如旧址，如果迁徙，一定会祸害百姓。"转运使最终没有听取赵挺之的意见还是迁徙了旧城。仅仅两年，黄河果然冲坏新城，居民的家产几乎全被洪水冲走了，伤亡惨重。

从上面这两件事来看，赵挺之为政是较为公正而有远见的。

赵挺之极力排挤打压元祐党人，尤其是苏轼

一门时不遗余力，但并不意味着他就赞同蔡京的行为。

赵挺之虽然被蔡京推荐，但他对蔡京扰乱国家的恶行非常痛恨，所以经常和徽宗陈说蔡京的恶行。徽宋开始并未听从，直到崇宁五年（1106年）春，出现了彗星，徽宗以为天有异相是因他施政有误，因此“避殿损膳，诏求直言阙政”，要求群臣直言其过。同时徽宗任命刘逵为中书侍郎，把政务交给赵挺之处理。虽然此时蔡京尚未被罢相，但徽宗已不再重用他，而是由赵挺之主政。刘逵与赵挺之属于同一阵营，对蔡京专权祸乱天下的行为极为不满。他是第一个劝徽宗打碎“元祐党人碑”的大臣。虽然史书中并未记载赵挺之对此的态度，但从《刘逵传》中可以看出，赵挺之与刘逵往往是共同谋划一件事，由赵挺之提起此事，然后由刘逵执行。赵挺之历经多次党争，政治斗争经验丰富，他深知皇帝忌惮大臣专权，所以才与刘逵合作，这样会让皇帝觉得这些决议是众臣决定的，而不是某个人的意思，这是为避免重蹈蔡京覆辙的聪明做法。开始时，两人合作还算顺利，并且取得了一定成效，打碎“元祐党人碑”，撤销对元祐党人及其家人的处罚，恢复他们的官职，发还没收的家产；并废除蔡京时期一些天怒人怨的政策，京中风气变得好了一些。

随着成绩的取得，刘逵不满意总是听赵挺之的指挥，而是妄图把功劳全归为己有。他不再听从赵挺之的意见，急功近利，最后被言官弹劾愚弄宰相，专权擅势。而徽宗也怀疑刘逵擅政，不再信任他。虽然民间传奇与戏曲里把刘逵塑造成了一位“孤臣”，实际上他是一个“猪队友”，坑了自己也坑了赵挺之，而北宋王朝也失去了最后一次挽救国运的机会。

赵挺之为人确实算不上心胸宽广，甚至可以说是气量狭小，但他为人也是有勇有谋有原则的。

元祐四年（1089 年），高太后决意处置蔡确，借“车盖亭诗案”欲置蔡确于死地，便要求群臣上书指认蔡确的罪行。“李常、盛陶、翟思、赵挺之、王彭年坐不举劾，彭汝砺坐营救并不草责词，皆罢去。”因此事，赵挺之被贬出京，通判徐州。这与之后李格非拒绝编写元祐党人的罪证是一样的。

之后赵挺之出使辽国时，辽国皇帝正在生病，没有亲自宴请他，让手下的近臣到他所住的旅馆招待了他。赵挺之对此很不满，认为这样对待宋使不符合北宋的国家地位。他据理力争，终于在这一年年终时让辽主按照接待其他诸国的礼节亲自去他居住的地方重新宴请了他一次。

从最初赵挺之在德州处理士卒哗变，到他不指认蔡确被贬，再到他出使辽国维护国家尊严，都足以证明他为人、为官的优点。所以李格非才能在知道他与苏轼的恩怨后仍与他结为亲家，李清照才能在他拒绝搭救父亲后仍对他保有一份真诚的尊重。

两难处境

崇宁元年（1102 年）清明，李清照还在尽情地欢乐，对自己的幸福自信非常。到了五月，徽宗对已故的司马光与文彦博进行了追贬，对其他官员也进行了相应地降职处理。虽然徽宗表示对元祐党人的追究到此为止，但新党并不打算就此收手，七月出台了第一版元祐党籍的名单，李格非赫然在列，官职也被降为京东提刑。

李格非虽然没有旗帜鲜明地反对过新法，但

他身为苏轼门生之一，让他难逃被迫害的厄运。

李清照在汴京的时间虽短，但对于党争的残酷有清醒的认知，朝堂之上危机四伏，父亲前途未卜。日益尖锐的政治矛盾让父亲与公公彻底成为敌对的两派，而父亲的遭遇还是自己的公公造成的。李清照无法坐视父亲被贬去那些凶险之地。北宋时有句民谣："春、循、梅、新，与死为邻，高、窦、雷、化，说着也怕。"这八州即是常常被提及的"岭南"，均在现在的广东地区。岭南地区长期被瘴气以及蚊虫传播的疫疾所笼罩。习惯生活在中原地区的人，很难适应这些地方的环境，一旦被流放去这些地方，十有八九会染上疾病。李清照看到从古至今无数被贬到岭南的官员死于斯地，生怕已年过半百的父亲也被贬去那里，难以返回故乡。

李清照忧愤不已，即刻写诗给公公赵挺之，希望他能出面搭救父亲。李清照希望公公能看在亲家的情分上，出面搭救李格非，甚至曾天真地期望处于上升期的公公能说句公道话，停止对元祐党人的迫害。但她应该很快就知道了，父亲的遭遇完全是由赵挺之参与推动的。这对李清照而言是晴天霹雳，一下子就击碎了平静而幸福的假象。早在同意这门亲事之时李家就有过这样的忧虑，但朝中暂时安稳的假象，没有继续扩大的清算与迫害以及父亲离政权核心较远的官职都让李清照心存侥幸。而嫁到赵家后，赵家上下对她的和善也让她以为党争不会波及她的生活。但事实永远是残酷的。在元祐重臣基本已去世的情况下，徽宋居然还要再次清算“元祐更化”之事，不放过死者，对生者也要再次惩罚，甚至对他们的后代也不放过。

李清照看着一条比一条更加严苛的禁令，心中的惊惧与愤怒也是与日俱增。她已不能想象父亲还会不会受到更严酷的迫害。她想到父亲的为人。她出生那年，父亲为郓州教授，俸银颇低，知州知道他得了一个女儿，怜其家贫，就让他多兼一个职位，多赚一份俸禄以贴补家用，但是李格非婉拒。他认为如果多接一个职位，势必要分出精力，之前的工作也做不好。父亲虽反对变法，却并非因私人恩怨，而是看到新法的种种弊端。而此时却正值自己的公公恨不得将旧党之人全部置之死地，全然不顾其为人、为官是否真的有错，完全就是清除异己，打击报复的时候。李清照想及此，满腔愤懑，心绪翻涌难以平复。

对于只有 19 岁的李清照而言，之前的她就像是温室里的花朵，只是隔着窗帘见过外面的狂风暴雨、电闪雷鸣，只能凭想象和常识说一句“知否？知否？应是绿肥红瘦”。厄运的突然造访让她措手不及又无能为力。

史书没有记载赵明诚当时的情况。但是看到妻子的忧伤，看到岳父遭受到的不公，他应是没有袖手旁观。在李清照请求赵挺之帮忙搭救李格非没有结果后，赵明诚应该也是去求父亲救自己的岳父了，但赵挺之依旧没有理会。从李清照被迫离京后写给赵明诚充满思念的词作来看，当时夫妻二人的关系并没有因为这件事受到影响，李清照对赵明诚的爱依旧。这也能间接说明，赵明诚至少在最初没有冷眼旁观妻子的痛苦与岳父的不幸。但赵挺之对这个天真的儿子应该是进行了说教，明确告诉他自己救不了李格非，也不打算救。从赵挺之的角度来看，这并不难理解。此时并不是赵挺之与苏轼一门的个人恩怨，而是两派人在争夺北宋朝廷控制权的一场对决。就算他是先行者，但此时早已不是他一个人说了算，局势正在朝着他也不能控制的局面发展，如果他帮李格非脱党籍，恐怕自身难保，何况他也不想。

李清照还有一句残诗“炙手可热心可寒”，大概可以说明这件事的后续发展。“炙手可热”当然是指她的公公赵挺之当时正是官运亨通，步步高升之时；“心可寒”则含意较多了，既可以指她公公不顾亲家情谊迫害李格非，也可以指这件事让自己寒心。总之，这句诗足以表明赵挺之出于各种考虑并没有答应李清照的求助。史书上没有明确的记载，但李格非在愈发凶险的政局中还是被免去官职，回到章丘明水老家。作为疼爱女儿的父亲，李格非可能还来不及为自己感到悲愤，而是先想到女儿在赵家的处境。此时的他，大概是非常矛盾的，既后悔把女儿嫁给赵明诚，让她处在两难境地，又庆幸女儿嫁给赵明诚能受到赵挺之的庇护，不至于被自己连累。

然而事情远没有结束。崇宁二年（1103 年），朝廷对元祐党人的著作也开始进行集中销毁，尤其是苏轼、秦观、黄庭坚等人的文集、题字、碑刻都在重点销毁之列。李清照听闻之后，更是心疼不已。此时，赵明诚给予了她一些安慰与支持。

虽然赵明诚对于岳父之事无能为力，但对销毁苏、秦、黄等人文集的禁令并没有遵守，只是把这些人的文集藏得更隐秘一些。他用这样的方式表示对父亲的反抗，对妻子的支持。这让李清照觉得自己在这偌大的赵府中，尚有一丝依靠。但是从各种历史记载和李清照本人写的各种文学作品来看，赵家并没有为难她，更多的应该是冷处理，除了赵明诚的原因外，赵挺之本人大概也不屑于用休掉一个儿媳的方式来向蔡京等人表忠心。

崇宁二年（1103 年），赵明诚出仕，这本来是一件值得高兴的事，但李清照一直处在煎熬之中。“诏宗室不得与元祐奸党子孙为婚姻，内已定未过礼者并改正。”虽然宗室仅指皇室，但皇室已然如此，普通大臣中谁还敢继续与元祐党人结亲呢？

李清照夜夜辗转难眠，人日渐憔悴下去。赵府令她窒息，她无法面对赵家上下，既不能恨，又不能不怨。她就像一朵刚刚开放的鲜花，马上要面对的是枯萎凋零。赵明诚依旧会带回她爱吃的零食，也会买回金石碑刻，但她再无心与爱人共赏共品。崇宁三年（1104 年）的春天，憔悴不堪的李清照决定回“有竹堂”（李格非在汴京时的府邸名字）。父母早已返回老家，“有竹堂”只留了一位仆人照顾。平时欢声笑语不断的家里，如今寂静一片，落花可闻。李清照时常在自己的闺阁中倚窗看着院内自己手植的江梅发呆，突然有一天她发现，原来仅有一些小花苞的梅树，竟一夜之间绽出星星点点的红色。这本来是令人惊喜的美景，可是李清照却只有无限愁闷。

这株江梅是李清照来到汴京后亲手栽在窗前的，她爱梅花的娇美更爱梅花的风骨。她觉得梅花是她的朋友，尤其是在此时举目无亲、孤苦无依、满腹辛酸委屈无人可诉时，这株江梅就成了她唯一的寄托。李清照对目前无休无止的党争已不抱任何希望，短暂的安宁后，往往伴随着更大的打击。这时她坚强而又洒脱的个性便显露出来了。“要来小酌便来休，未必明朝风不起。”她以梅为友，把梅花当成是有血有肉的知己，邀梅共饮。今朝有酒那就今朝醉吧，谁知道明天又会发生什么变故，也许明天一阵疾风骤雨后，梅花也会凋零殆尽，人也不知身在何处。

崇宁三年（1104 年）四月，就在李清照写完

《玉楼春·红酥肯放琼苞碎》这首词后不久，朝廷便下令对所有在京的元祐党人的子女家人，无论官民，无论男女，无论老幼，全部登记在册，驱逐出京，从此以后，不得私自回到汴京。这场风暴终于刮到李清照的身上。李清照得知此条禁令时，竟然异常地冷静，她早就预料到会有这么一天。离开汴京，离开赵府，对她而言反而是一件轻松的事情。她不用再日日夜夜受折磨，不用再与赵家上下尴尬相处。唯一令她挂心的就是丈夫赵明诚。但赵明诚已从之前岳父被贬的事中走了出来，又全身心地投入到对金石碑刻的研究当中。党争虽改变了很多人的生活与命运，甚至波及了他的妻子与岳父，但对他个人而言仍是遥远而陌生的事情。他对金石碑刻的热爱，足以隔离这一切。

别样相思

回到章丘，李清照的情绪与心境反而好了不少。李格非看到女儿也返回原籍，自责与后悔之情愈发浓烈。李清照却安慰父亲，自己被迫离京只是因为朝廷的禁令，丈夫与公公并没有逼迫她。赵明诚甚至表示，这只是做个样子给别人看，等情况稍好一些就悄悄接李清照回来。

回到故乡，李清照整个人也变得轻松了不少。现在已经可以算是极坏的境地了，再坏无非就是远贬岭南，能与父母、幼弟在一起，再艰险她也不怕。这段时间，李清照慢慢平复下来，虽已不能和早年快活自在的生活相比，但此时的平静也可让她暂时远离两难的境地。不用再为父亲担忧，李清照又开始思念起赵明诚。

自从新婚之后，两人其实也是聚少离多，但那时他们都明确知道哪天可以见面。两人虽一人在太学，一人在赵府，但心早就飞到一起去了。而此时，虽有赵明诚的承诺，但相见之期难以确定。李清照把对赵明诚的思念都写在词中，寄回汴京。

红藕香残玉簟秋，轻解罗裳，独上兰舟。
云中谁寄锦书来，雁字回时，月满西楼。
花自飘零水自流，一种相思，两处闲愁。
此情无计可消除，才下眉头，却上心头。

——《一剪梅》①

①[宋] 李清照著，陈祖美编著，《李清照词新释辑评》，中国书店，2003 年 1 月第 1 版，第 50 页。

李清照春末离开汴京，直到上秋也没等到赵明诚。两人书信一直不断，可是两地虽相隔不远，却好似银河两岸，不得相见。春日离开时，李清照见到成排的大雁在汴京城上空翩然掠过，她却朝着相反的方向而去。直到白日间，她又看到成排的大雁从章丘上空优雅地飞过，才惊觉秋天已至，而自己返回汴京之期却难以预料。想当年自己还笑话小婢女粗心大意，留意不到春天的变化，此时的她不也是如此吗？锦书也难解相思，落花流水皆无情。四时轮转，并没有因为自己的悲伤而有任何耽搁，唯有自己沉浸在这种相思之中难以自拔。

没过几日就到了重阳节，李家长嫂虽也像往年一样张罗着过节，可惜一家人总有几分强颜欢笑之感。

在宋代，重阳节是非常重要的节日，到神宗时，重阳节假期由一天变成了两天。在那两天，人们要进行登高祈福、秋游赏菊、佩插茱萸、拜神祭祖及饮宴祈寿等活动。重阳节和清明节一样，都是充满欢声笑语的节日。

这是一个全家人一起活动的日子，虽没有像

中秋那样明确说一家人要团聚，可是“九”与“久”谐音，暗含着对团聚的期望。每家每户都要准备重阳节吃的“重阳糕”，还要在重阳糕上插小旗，在大号重阳糕之上叠置一些捏成小鹿形和大象造型的糕点，前者叫“食鹿糕”，寓意来年“食禄”，也就是能够做官的意思；后者叫“万象糕”，寓意“万象高”，意思是万事如意，运程一年比一年高。除了吃糕，还要戴花。在宋代，重阳节男性戴花，女性却不戴。重阳节时，朝廷会分赐“缯彩茱菊”，即九月初八时，赏赐文武百官两朵用上好的丝绸捆扎的假茱萸和假菊花，九月初九那日便戴在头上。普通百姓可以买假花戴，也可以戴真花。这是男性的特权，女性只是摘一些茱萸果实放入一个随身携带的小荷包中，时称“茱萸囊”，同时也可以“剪彩缯为茱萸、菊、木芙蓉花，以相送遗”。

在重阳节，所有人都要登高，求得阴阳调和，不生百病。汴京地处平原，所以并不一定要登山，只要是高处就可以。城墙、高楼都是京城百姓常去的登高之所。菊花在这一天扮演着重要的角色。京城中专门栽培菊花的园圃会向游人开放，人们购菊、赏菊、饮菊、答菊，还点菊灯、吃菊花。酒家食肆则用菊花装饰成菊花门、菊花窗等。

李清照想起在汴京过重阳节时，比章丘要热闹许多，满街都是插戴红色茱萸和金色菊花的男人，就连自己的父亲头上也戴着官家赏赐的假茱萸和假菊花。一家人围在一起吃重阳糕，喝菊花酒，欢声笑语不断。嫁给赵明诚后，二人只过了一个开心的重阳节，接下来就是无穷无尽的忧惧与折磨。如今的家中却再无往日的欢笑，过节倒似在应付差事。

李清照勉强吃了点东西就回到自己的屋子里。九九重阳本是秋高气爽的好天气，此时在她眼中却惨淡得紧，她透过香炉中袅袅的青烟，呆呆地看着窗外天光一点点散去。凉气袭来，单薄的衣着挡不住秋夜的寒意，李清照努力地回想着：之前的重阳节天气也这么冷吗？此时的赵府大概是热闹得很吧！公公现在是炙手可热的天子近臣，丈夫也已出仕，将来也定会得一清要之职，这是天子拉拢近臣的手段。一家四位男性，头戴官家赏赐的缯彩茱菊，共饮菊花酒，“头上花枝照酒卮，酒卮中有好花枝”，其他女眷围坐在一起，浅啜着菊花酒，轻声谈着京城时兴的话题。只是这份热闹早就不属于她了，这两年她最怕的就是过节，强颜欢笑既让自己难受，也扫了他人的兴，反而不如此时自在一些。

寒凉的夜风吹过窗外的菊花，丝丝缕缕的菊花瓣飘落一地，李清照觉得自己比这些菊花还要憔悴。她研墨提笔，写下了《醉花阴》一词：

> 薄雾浓云愁永昼，瑞脑销金兽。佳节又重阳，玉枕纱橱，半夜凉初透。
>
> 东篱把酒黄昏后，有暗香盈袖。莫道不销魂，帘卷西风，人似黄花瘦。①

重阳节后，李清照把这首词寄给了赵明诚。元代伊世珍在《琅嬛记》中转引了一段《外传》记载的逸闻——“易安以《重阳·醉花阴》词函致明诚。明诚叹赏，自愧弗逮，务欲胜之。一切谢客，忘食忘寝者三日夜，得五十阕，杂易安作，以示友人陆德夫。德夫玩之再三，曰‘只三句绝佳’。明诚诘之，曰：‘莫道不销魂，帘卷西风，

---

①[宋] 李清照著，陈祖美编著，《李清照词新释辑评》，中国书店，2003 年 1 月第 1 版，第 56 页。

人似黄花瘦。’政易安作也。”王仲闻在《李清照集校注》中反驳这件事，说：“赵明诚喜金石刻，平生专力于此，不以词章名。《琅嬛记》所引《外传》，不知何书，殆出自捏造。所云‘明诚欲胜之’必非事实。”

我们无从知晓当时具体的情况，可是从最基本的人情来看，赵明诚也不会对妻子写给自己表示思念的词作起好胜之心。《外传》中的赵明诚倒似一个与那个年代毫无关系的人。当李清照作为元祐党人的子女被驱逐时，赵明诚也并不好受，别管日后会发生什么，至少在此时，他是深爱着李清照的。李清照处在父亲与公公对立的两难处境中，赵明诚又何尝不是呢？他不仅身处岳父与父亲不和的夹缝中，还要面对由父亲造成的夫妻分离的局面。从后来发生的事可以看出，赵明诚既没有他父亲的谋略与勇气，也没有李清照的洒脱与刚强，他甚至有些软弱，所以他大概只有一个法子：逃避，躲到他最爱的金石碑刻中。因此在后世人看来，赵明诚在李清照最需要支持与保护时，总是缺席的。此时，当他看到妻子这首满含缱绻情意又饱含无奈的词作时，他的内心也是极不好受的。也正是这种不舍与满腔的爱意，才让他在党禁稍弛时，鼓起勇气悄悄地接回了李清照。赵挺之对此事也应该是默许的，否则光凭李清照自己的意愿，她是不可能来往于原籍与汴京之间的。

崇宁四年（1105 年）和崇宁五年（1106 年），赵挺之与蔡京的争斗更加公开化，两人之间也是你来我往，此消彼长。局势对李清照而言也是时松时紧，因此她只能往返于章丘和京城之间。《多丽·咏白菊》一词写于崇宁四五年间，其内容便是与此相关：

> 小楼寒，夜长帘幕低垂。恨萧萧、无情风雨，夜来揉损琼肌。也不似、贵妃醉脸，也不似、孙寿愁眉。韩令偷香，徐娘傅粉，莫将比拟未新奇。细看取、屈平陶令，风韵正相宜。微风起，清芬蕴藉，不减酴醾。
>
> 渐秋阑、雪清玉瘦，向人无限依依。似愁凝、汉皋解佩，似泪洒、纨扇题诗。朗月清风，浓烟暗雨，天教憔悴度芳姿。纵爱惜、不知从此，留得几多时。人情好，何须更忆，

泽畔东篱。①

在反复的往还中，被消磨的不仅是李清照的耐心，还有赵明诚的爱意。李清照喜欢梅菊的冰清玉洁，也爱用梅菊自喻。被无情风雨摧折的白菊，依旧能保持“不减酴醾”的“清芬蕴藉”，实是李清照的自画像。她对自己有着绝对的自信，就算遭遇“浓烟暗雨”，也远非那些矫揉造作的庸脂俗粉可比。经历了这么多事，她对赵明诚的爱意却丝毫未减，可是天不遂人愿。“汉皋解佩”“纨扇题诗”并不是令人愉快的典故。《韩诗内传》记载，郑交甫遵彼汉皋台下，遇二女，与言曰：“愿请子之佩。”二女与交甫，交甫受而怀之，超然而去。十步循探之，即亡矣，回顾二女，亦即亡矣。“汉皋解佩”后用为男女相爱、赠答表意的典故。“纨扇题诗”则源于班婕妤。班婕妤刚入宫时，颇得汉成帝宠爱，但赵飞燕姐妹入宫后，汉成帝移情别恋，班婕妤失宠。为了避祸，班婕妤退处太后宫中，其间作了大量诗文，但只留下三

①［宋］李清照著，陈祖美编著，《李清照词新释辑评》，中国书店，2003年1月第1版，第81页。

首，其中最有名的就是《怨歌行》，也称《团扇歌》：“新裂齐纨素，皎洁如霜雪。裁为合欢扇，团团似明月。出入君怀袖，动摇微风发。常恐秋节至，凉风夺炎热。弃捐箧笥中，恩情中道绝。”这是一首被爱人抛弃的女子的怨歌，后世便把这种被弃女子的慨叹称为“婕妤之叹”或“婕妤之悲”。

在一些后世的笔记中，有关于这段时间内赵明诚负笈远游的记载，而且关于赵明诚是否纳妾的争论一直没有停止。其实结合宋代的婚姻状况和社会风气来看，纳妾实在是一件再正常不过的事情。但在李清照和赵明诚本人的文字中，及在后世人的记载中，对于赵明诚纳妾之事均没有提及，只有在《〈金石录〉后序》中有一句“殊无分香卖履之意”，说得也是含糊不清。

这首词中幽怨伤感的情绪比之前其他类似的作品更加复杂。之前多是对党争的怨恨，对被迫分离的无奈与伤痛，对于赵明诚则是纯然的思念。此时，词中还多了一份她最不想产生的“婕妤之叹”。

赵明诚未必会纳妾，至少在妻子如此痛苦之时他并不会再火上浇油。但在日常交往中，逢场作戏是少不了的。宋朝的歌伎业非常发达，无论是正式场合还是非正式场合都缺少不了歌伎的助兴。宋代并不禁止官员狎妓。北宋有由官府统一管理的官伎，这些歌伎分布于朝廷、军营和地方州县，服务于皇室、王公贵族和各级官员，主要是在皇帝举行的宫廷宴会上进行歌舞表演和官员宴饮或迎送往来之时唱词佐酒助兴。而这些官伎往往是“四方执艺之精者”，文化程度很高，歌舞音乐造诣颇深，往往还有独家绝活。宋代法律规定，“阃帅、郡守等官，虽得以官伎歌舞佐酒，然不得私侍枕席”。所以这些官伎往往都是卖艺不卖身的，与这些官伎交往也必须是有着相应文化水准的文士，否则无论是同行还是歌伎都瞧不起。

官府有官伎歌舞侑觞，士大夫在家则蓄养家伎，每逢私人聚会或自娱自乐之时，便由这些精心调教的家伎来唱词助兴，这也成为宋代士大夫私人生活中最为流行的一种娱乐方式。家伎在进入某个家庭以后，她们的户籍也就附编于家长名下，或以妾或以婢而登记入册，所以家伎又常以妾、姬称之。

北宋人数最多的当是市井伎。《东京梦华录》

中记载，东京开封“花阵酒池，香山药海，别有幽坊小巷，燕馆歌楼，举之万数，不欲繁碎”。这里的“燕馆歌楼”便是青楼伎馆。市井伎的文化水平参差不齐，但即使最低级的市井伎也要粗通音律，识文断字，能演唱当下时兴的新词。而高等的市井伎其水平并不一定会低于官伎和家养伎。这些歌伎“多能文词，善谈吐，亦平衡人物，应对有度”；其居住的环境也是幽静雅致，与影视作品塑造的青楼妓院是决然不同的。

宋代的歌伎是一群特殊的女性群体，她们以服务男性为目的，拥有姣好的容颜，精湛的歌舞技艺，高超的文学艺术修养，是宋代文人士大夫交往的重要对象。

赵明诚在做太学生时，太学周围就有很多燕馆歌楼，但他从未流连其中。娶了李清照后更是夫唱妇随，琴瑟合鸣，断然没有混迹于烟花之地的事情发生。而赵挺之虽是高官，但一向为官清廉，家里也不大可能蓄养歌伎，即便有几个，也与赵明诚无关。但赵明诚出仕后，官场应酬增多，崇宁四年（1105 年）十月，明诚被提升为鸿胪少卿，是主管朝祭礼仪之赞导的清要之职。官场上的迎来送往增多，他与歌伎的接触也多了。而在赵明诚升迁之时，李清照则频繁往返于章丘与汴京之间，李赵二人之间的感情变淡，这时赵明诚与某位歌伎有了感情也并非不可能。而当李清照发现这件事时，内心的痛苦却无法发泄。与歌伎交游甚至产生暧昧的情感在宋代实是再平常不过。虽然赵明诚是不可能娶这位歌伎为妾的，但是对于李清照而言仍是一种背叛，让她引以为豪的爱情出现了瑕疵。

"纵爱惜、不知从此，留得几多时。人情好，何须更忆，泽畔东篱"。赵明诚远说不上是移情别恋，只是在与李清照分离时与其他女性产生了暧昧的感情。如果情况一直这样持续下去，就算二人之间曾有过山盟海誓，也挡不住党争的折磨与世俗的诱惑，谁又能预料将来还会不会发生更糟糕的事情呢？

党争与感情的问题让李清照很受折磨，而就在她近乎绝望之时，又一次让她悲喜交加的起落转折出现了。

第四章
屏居归来堂

福兮祸兮

崇宁五年（1106 年）春，朝廷下令毁“元祐党人碑”。“毁‘元祐党人碑’。复谪者仕籍，自今言者勿复弹纠”，李格非、吕希哲、晁补之等“并令吏部与监庙差遣”，但仍禁止到京师及近钱州县，因此李格非仍留在原籍。同时针对元祐党人子弟的禁令悉数废除。李清照终于可以大大方方地回到赵府。这一年，正是赵挺之为相执政之时，京城内不合理的规则法律他都进行了纠正与修改，京城内的风气稍稍好了起来。大概也是看到公公所做的一切，才让李清照对他有了一个比较公正的评价，也让她在之后的文字中提及公公时仍是相当尊敬的。日子在慢慢恢复正常，但是李清照对这一年没有留下任何记述，也没有一首诗词。这一年她回到赵府，但很多事还是变了。夫妻之间多了几分尊敬，少了一些亲密。就在所有人都觉得赵挺之位极人臣，享无上尊荣时，一场灾难无声无息地到来了，繁华倾覆只在片刻。

大观元年（1107 年），刘逵因专权被徽宗怀疑、厌弃。蔡京虽已罢相，但朝中亦遍布眼线，他得知徽宗的态度发生变化后，立刻暗中让御史弹劾刘逵。“陛下立教养升贡之法，而逵乃腹诽窃议，稽留旬浃，不即奉行。陛下息邪说以正人心，而逵取为元祐学术者。陛下疾朋党以示好恶，而逵进系党人之子者。陛下罪诋诬以尊宗庙，而逵擢上书邪等者。陛下勤继述以昭先烈，而逵用改更熙丰法令。”徽宗并不是真的绍述神宗，只不过是当时拥护他上位的曾布等人是新党，而后期迎合他的也多是新党。尤其是他非常欣赏蔡京的书法，在艺术上，他隐隐觉得蔡京是他的知己，而蔡京也愿意为他的“艺术事业”筹谋更多的钱财，至于这些钱从哪里来，他并不关心；民间是否因他的喜好而哀鸿遍野他更不关注。他罢免蔡京不过是不满他专权，又恰逢天相异变，才让他质疑自己执政是否有失误。而刘逵与赵挺之的拨乱反正触动的不仅是王公贵族的利益，还有徽宗本人的利益；刘逵的急功近利，甚至出现了“国柄逵主之”的局面，这让徽宗对刘逵产生怀疑，进而转向了蔡京。对于徽宗的心理、朝中的形势，郑居中早已觉察，但是他并没有急着去捅破，他知道真正掌权者其实一直是赵挺之，他要对付的不仅是刘逵，还有赵挺之，所以他耐心地等刘逵的罪行被徽宗定下来后，才联合礼部侍郎刘正夫引导徽宗推翻自己之前的决定。郑居中抓住时机，让徽宗觉得天有异相并不是因他而起，是赵挺之危言耸听误导了他，让他觉得自己有错，又罢免了蔡京。而从现在来看，自己没错，也不应该罢免蔡京，错的是赵挺之和刘逵。大观元年（1107年）正月，蔡京复左仆射之职；三月，赵挺之已失盛宠，被迫上书称病，请徽宗允许他辞去宰相一职，徽宗同意。

赵挺之罢相后，对北宋王朝的担忧，对徽宗的失望，对蔡京复相后的忧惧让这位老人仅罢相五日后便病逝了，死后追赠为“司徒”。徽宋亲来吊唁，郭氏哭着恳求徽宗赐赵挺之带有“正”的谥号。徽宗则回复“待理会”。在徽宗年间，凡是“待理会”就意味着“不同意”。

谥号是对一个臣子一生的盖棺论定，代表了皇帝对他的终极评价。在宋代的谥号体系中，谥号一般都是双字，以“文”开头的谥号被认为是第一等的。司马光第一次提出“文正是谥之极美，无以复加”，自此之后，“文正”成为文臣的最高荣耀。“文正”实际应为“文贞”，是为了避讳宋仁宗赵祯的名字，故改成了“文正”。在《谥法》中，对于“正”的解释是“内外宾服曰正”，这明显不是臣子可以用的。而“贞”则饱含“固节干事”“图国忘死”“清白守节”的评价。郭氏求的“正”实际上是“贞”字，她希望通过谥号来避免赵挺之死后被诬陷。但徽宗没有答应，而是赐了“清宪”二字，“避远不义曰清”“赏善罚恶、博闻多能、行善可记曰宪”，大概肯定了赵挺之的才华和为人，但没有绝对承认赵挺之的清白无瑕，这实际昭示了之后对赵挺之的清算。

郭氏夫人是极有见地的，可是她只是一介女流，并不能阻挡徽宗与蔡京的清算。赵挺之刚过世三日，蔡京就迫不及待地报复赵挺之的家人。他弹劾赵挺之在原籍青州结交富人，贪赃枉法，营建私宅。他又下令，命京东东路都转运使王甹在青州设狱审理此案，在京城开封府又置狱查抄赵府，羁押了赵挺之全家。但是经过三四个月的审理，蔡京一无所获，青州与开封府纷纷表示没有查到赵挺之“结交富人，贪赃枉法，营建私宅”的事实，蔡京无奈只好放了赵挺之的家人。但他并不死心，想起当年旧党官员刘挚曾引荐过赵挺之，遂暗中示意御史弹劾赵挺之“力庇元祐奸党”。徽宗听后很是生气，赵挺之去世后追赠的“司徒”被追回，他的三个儿子的官职也被罢免，并遣返原籍。

经历了这些政治斗争后，郭氏夫人带着赵氏全族离开汴京，返回青州的故居。李清照也开始了屏居青州的生活。她与赵明诚同患难，共甘苦，本来有些裂缝的夫妻关系却借由这次政治灾难重修旧好。赵明诚的忧惧、失意与难过都有李清照共同分担，刚强的妻子让他很快走出丧父、失官的伤心与低落，“虽处忧患困穷，而志不屈”。面对政治上的困境，赵明诚不坠青云之志，既没有一蹶不振，也没有趋炎附势，在李清照的陪伴下，开启了他的金石著录之路。

赌书泼茶

大观元年（1107 年）到大观二年（1108 年）之间，李清照和婆婆、丈夫及赵府上下回到青州，开始了在青州“屏居乡里十年”的生活。这段时间是李清照另一段最幸福的时光。

在《〈金石录〉后序》中，李清照用深情的话语记录了那时的生活：“余性偶强记，每饭罢，坐归来堂烹茶，指堆积书史，言某事在某书某卷第几页（编者注：原书为“叶”）第几行，以中否角胜负，为饮茶先后。中即举杯大笑，至茶倾覆怀中，反不得饮而起。甘心老是乡矣。”①

夫妻二人把青州故居取名为“归来堂”，是致敬夫妻二人共同的前辈“归来子”晁补之。“归来”二字源于陶渊明的《归去来兮辞》，用这个名字，既是对当时景况的描述，也是以此明志，表示效仿陶渊明亲近自然、乐天洒脱的心理追求。

①［宋］赵明诚著，刘晓东、崔燕南点校，《金石录》，齐鲁书社，2009 年 4 月第 1 版，第 257 页。

李清照又从《归去来兮辞》中的两句话“倚南窗以寄傲，审容膝之易安”为自己取了“易安居士”的斋号，表示对目前生活的满足。

如果说，在李清照遭遇党争之灾被驱逐时赵明诚似是没有什么作为，缺席了这场祸事的话，那么在赵家遭受灭顶之灾时，李清照却坚定地陪在赵明诚身边。在赵明诚被罢职并遣返原籍时，李清照对赵明诚不离不弃，鼓励并参与到赵明诚的爱好中，成为赵明诚撰写《金石录》最得力的助手。

李清照夫妇在青州的生活是平静而充实的。“仰取俯拾，衣食有余”，比起新婚时财政的困窘，夫妻二人此时的生活已经比较宽裕。赵明诚又赋闲在家，创作《金石录》的主要条件都已具备。

赵明诚与其父辈都喜好金石之学，家中有大量收藏。赵明诚从少时便开始收集各种金石碑刻，家中对他的喜好也持支持态度，尤其是他出仕后，财政问题得到一定程度的解决，更让他收集了大量的金石文物。“饭蔬衣练、穷遐方绝域、尽天下古文奇字之志”一直是赵明诚的日常生活状态，他把大量的时间投入到爱好中，金石碑刻于他而言是重要的精神支柱，甚至可以超越男欢女爱与加官晋爵。也正是这份对金石碑刻纯粹而执着的喜爱，修补了他与妻子之间的裂痕。夫妻二人很快就投入到对金石之物的收集与记录的工作之中。

赵明诚在《〈金石录〉序》中写了他收集金石之物的目的——“非特区区为玩好之具而已也”，他是希望通过碑刻中的文字补救文史著作中的不足，并能保存一些快要散佚掉的碑刻，“传诸后世好古博雅之士，其必有补焉”。这与他父辈们对金石之学的喜爱相比，具有强烈的利他性。

金石之学不是鉴赏文物，是“以古代青铜器和石刻碑碣为主要研究对象的一门学科，偏重于著录和考证文字资料，以达到证经补史的目的”，具体工作是烦琐而枯燥的。但李清照帮助赵明诚完成了这些细碎而艰苦的工作。家中的文物“几案罗列，枕席枕藉”，每一件文物都要细细分辨真伪，记录来历，有残缺损污的还要进行修补；对待这些文物都要轻拿轻放，取拿文物时手必须洁净，不可弄污这些拓片和书籍。“收书既成，归来堂起书库大橱，簿甲乙，置书册。如要讲读，即请钥上簿关出。卷帙或少损污，必惩责揩完涂改。”他们要将所有的文物、藏书分类登记造册。

以学术的态度来研究金石之物，便不复之前的欢愉与随意了，对这些藏品都要小心翼翼，“不复向时之坦夷也”。

我们再细读一下李清照的《〈金石录〉后序》会发现，夫妻二人对金石学的兴趣并不相同。赵明诚一生醉心于碑刻，他的目的也非常明确，就是收集整理这些碑刻文字以帮助补充史书中记载不够清楚的地方，他的研究内容更符合传统金石学的要求。而李清照则对这些碑刻并不感兴趣。她更喜欢书画作品，在一切还未发生时，“丞相居政府，亲旧或在馆阁，多有亡诗、逸史、鲁壁、汲冢所未见之书，遂力传写，浸觉有味，不能自已”。她对书画的痴迷并不逊于赵明诚对碑刻的沉醉，这大概与她个人更喜好文学创作有关。在定居青州时“每获一书，即同共勘校，整集签题。得书画、彝鼎，亦摩玩舒卷，指摘疵病”。她情不自禁地把自己喜欢的东西排在了前面。她对于赵明诚管理文物、为金石之物做目录的行为，颇感不耐。“是欲求适意而反取憀慄”。实际上李清照对文物管理并不热衷，甚至是有些不耐烦的，她为了能自由地阅读与品鉴这些作品，宁可节衣缩食购买副本。“余性不耐，始谋食去重肉，衣去重采，首无明珠翡翠之饰，室无涂金刺绣之具，遇书史百家字不刓缺、本不讹谬者，辄市之储作副本。”她愿意少吃一些美食，舍弃华美的服饰，只为了能自由地享受书籍史册带给她的幸福感。她喜欢书画，赵明诚喜欢碑刻、彝鼎；她喜欢欣赏把玩书画作品，赵明诚却更偏向目录学——他的《金石录》是当时所见金石文字的总录。李清照巧妙地把自己的喜好融入赵明诚的日常研究中，在帮助赵明诚完成《金石录》的同时，也把自己的爱好加入到了研究当中。但赵明诚似乎没有发现妻子的偏好，他只是把妻子的喜好当成是一种文雅而有趣的活动，是夫妻二人之间无伤大雅的情趣，他愿意在空闲时陪妻子玩儿这个游戏。所以后世有了“赌书泼茶”的佳话，有了对李清照、赵明诚夫妇二人过目不忘的羡慕。即使如此，每当李清照回忆起这些往事时，仍是津津乐道她与赵明诚“言某事在某书某卷第几页（编者注：原书为“叶”）第几行”的赌书之乐，仍是恋恋不舍这十年朝夕相伴的情谊，仍认为这是夫妻二人“意会心谋，目往神授”的十年，其中的乐趣远在“声色狗马之上”。

李清照的付出没有白费，《金石录》主体在这十年内基本完成。赵明诚努力求访，收辑金石刻词二千卷，包括所见夏、商、周到隋、唐、五代的钟鼎彝器、铭文款识，以及碑铭、墓志等石刻文字。李清照帮助编辑整理，据二千卷刻词逐件鉴别考订，再加上赵明诚的完善与补充，《金石录》最终完成，共有三十卷。前十卷共二千条，记述古代金石器物、碑刻、书画近二千件的目录，后二十卷收录这些器物的跋文，叙述器物出土的时间、地点、收藏者以及器物的内容，是当时所见金石文字的总录。

臧否词家

李清照对金石学的热爱一半是源于自身的喜好，另一半则是源于对赵明诚的爱。但她始终是一位有着主体意识的女性，在帮助丈夫完成《金石录》的过程中，她没有放弃自己的创作，虽然现世流传的李词中几乎没有这十年间的作品，但流传下一篇对词坛影响极大的作品——《词论》。

《词论》是后人起的名字，最早出现在胡仔的《苕溪渔隐丛话》后集卷三十三《晁无咎》条下，只是一段引文，所以后世学者怀疑这并非全文，可这已无从考证。

李清照在《词论》中的观点与论述可谓是大胆至极，甚至被后世评为狂妄而不知天高地厚。在以男性为尊的时代中，对李清照的诋毁是可以理解的。虽然男性在诗词中有大量的闺怨愁情的描写，甚至有以女性口吻书写的作品，但这只是男性用以抒发自己怀才不遇、流离思乡的素材，他们可以利用女性题材，但从未曾想真正接受女性参与到创作中来。宋代是思想渐渐趋向保守的时代，对于女性创作更是不以为然，认为这只是闺房之乐，不可拿出示人。李清照的父亲则是一个异类，以诗词取第的时候，他偏要以经书策论出人头地；禁止把女性创作的诗词流传于家门外时，他偏要把女儿的词作拿给众位同僚好友欣赏；新党占上风时，他坚定支持旧党；旧党得势时，他却将女儿嫁给新党之家。他不会随波逐流，牢牢地掌握着自我意识。这一点大概也遗传给了李清照。

李清照尊敬文坛的前辈们，但并不妨碍她书写自己的见解，点评前辈的创作。她不盲从，也不畏惧，以丰富的创作经验对“词”这一文学类型进行了定义与讲解。

《词论》明显受到晁补之《评本朝乐章》的影响。李清照与晁补之早就相识，并受到过晁补之的教导。李清照夫妻对晁补之是非常尊敬的，否则也不会给青州的故居起名“归来堂”。而在李清照屏居青州时，晁补之离青州并不远，两家人经常互相走动，李清照有了更多的机会向晁补之请教。而胡仔的《苕溪渔隐丛话》把《词论》放在《晁无咎》条下也是因为《词论》与《评本朝乐章》在内容与思想上有继承与发展的关系。

后世对《词论》的评价褒贬不一。称赞它的人，认为它有开宗立派的意义，界定了词、诗、曲的区别，确立了词的独立地位，而不是“诗余”的附属性质。贬低它的人，则认为《词论》过于狂妄。有人则认为它是“词坛上的保守一派”“排斥新的风格和手法”“排斥豪放一派”“对宋词风格、流派的丰富发展也是有消极作用的”，甚至“对宋词的发展是起阻碍作用的”。还有学者由文及人，从《词论》一路贬低到李清照本人。清代裴畅云：“易安自恃其才，藐视一切，语本不足存；第以一妇人能开此大口，其妄不待言，其狂亦不可及也。”当代学者李长之也认为，李清照的个性“狭小与尖刻”“不能容纳别人，不能欣赏别人，不能同情别人”。

从现代文艺观来看，《词论》确实有很多不足之处。但这只是只言片语，恐难以定论，所以我们也无法确定李清照有没有对一些在《词论》中没有提及的问题进行论述。退一步讲，今人实在没必要苛求古人论述得十全十美。每一个理论的产生都有其时代背景，再先进的理论也有落后的一天，这恰恰印证了时代的进步性。如果古人把道理说尽说透，说得十全十美再无改进之处，后世也就不必再出现学者和研究者了。而从一篇七百余字的《词论》就指出李清照的种种不堪大可不必吧，更何况这些批评并不是着眼于《词论》本身，更在乎的是李清照的性别。她以一介女流闯入到以男性为尊的世界中，并对已被确立为榜样的前辈进行批评，指出他们词作中的不足，这不能不让男性作者觉得自己是被冒犯了。所以他们一方面承认李清照的才华，一方面又贬低这种才情不过是小技末道，擅对文坛前辈进行臧否只能贻笑大方。

《词论》反映了李清照早期的理论主张，在北宋末年绝不是标新立异之作，其中的理论主张应是比较有代表性的。《词论》写于屏居青州的十年间，《词论》问世后，并未受到同期文人的批评，至少我们知道，“苏门四学士”之一的晁补之并没有对此提出异议，而李清照是一定会把《词论》送给教导她作词的晁补之过目的，并请他进行批评指正。历史上并无同期文人对《词论》的批评，大体可以推测读过《词论》的人对其中的观点是比较赞同的。

词从唐代起源，至北宋末年臻至成熟，但词的地位仍是“诗余”，是“诗”的补充，李清照则提出词“别是一家”，词应有自己独立的地位，独立的审美风格，独立的创作规则，不再受诗的约束。词与诗在题材方面也应有所区分。词更多主婉约情致，伤春悲秋；诗则抒写兴观群怨，江山社稷。这种区别在李清照早期的作品中极为明显，及至“南渡”之后，李清照的词作与诗作的内容已有明显区分。不可否认李清照是力主婉约词风的作家，所以在《词论》中确实对婉约词风更为称赞，而对苏轼开创的豪放之风虽没有明确批评，但对其“以诗为词”“以文为词”提出了异议，认为这样写出的不能算词，仍是诗罢了。大概就是这种论述触动了崇拜苏轼的男性文人敏感的神经，而从北宋末期来看，词以婉约为正宗，并不是李清照独创，是词在发展过程中与诗越行越远的一种证明而已。李清照更想强调的是“词”的独立地位。她对北宋末几位知名的词作家进行了分析与批评，其中有的切中要害，如对黄庭坚的批评，“即尚故实，而多疵病”。同样有一些批评确实存在偏颇，如对王安石、秦观的评价，大抵是因为这二位与李清照的喜好、品位不同造成的。

对于《词论》我们既不必过于夸赞，也不必急于批判，它的合理性与不足已经由历史证明。但对李清照而言，《词论》是其前期文学思想的总结，是其独立精神的体现。撇开《词论》的历史价值不谈，我们仍能从中看到李清照深思熟虑后自信满满地写下了这些文字，至于后世对她的批评与指责，她是不屑一顾的。

难效“秦楼”

屏居青州的日子是平静而满足的，甚至让李

清照有一种希望在此地终老的感觉。但随着朝中政局的变化，蔡京等人陆续退出权力核心，原来被贬黜之人又重启仕途，其中就包括赵氏三兄弟。

政和元年（1111年），李清照的婆婆郭氏夫人奏乞朝廷，恢复赵挺之司徒等职，朝廷准许，赵明诚的两位兄长——赵存诚与赵思诚相继复出。历史上并未记载为何独赵明诚没有复出，我们可以结合这段时间内发生的事做个合理的推测。此时，正是赵明诚研究金石之学渐入佳境之时，他把全部心思都投入到撰写《金石录》中，所以在家人商量兄弟三人是否皆重新进入仕途时，赵明诚应当是拒绝了。他要写完《金石录》，对于金石学的热爱让他可以放弃很多，他把个人的精神追求放在第一位。在营造与维护自己的精神世界时，赵明诚可以说是任性的，他喜爱诗词所以可以忽视已知的政治风险求娶站在父亲对立面的旧党之女；他热爱金石学，所以可以放弃重新出仕的机会。对于他的这种任性，郭氏夫人大抵也是了解的，所以她并没有过多地干涉。李清照对这种任性则是欣赏的，虽然她与赵明诚在性格方面有极大的不同，但是在追求个人精神独立方面是心意相通的，所以李清照对丈夫的决定是支持的。

然而当《金石录》的主体完成后，赵明诚还是复出了。这本是两件好事，既完成了著作，又重返仕途，无论是作为学者还是官员，赵明诚都可以一展所长。可这对李清照而言却又是一次分离，共同撰写《金石录》所弥合的夫妻关系又再一次出现了裂痕。原来之前的伤痛并没有消失，它只是被平静而充实的著书生活所掩盖。当赵明诚不再需要李清照协助时，夫妻之间的问题就再一次浮出水面，而更为难堪的是，此时的李清照已不再是十年前青春花季的少女，此时的她只是一个被“赵君无嗣”所折磨的中年女子。

李清照与赵明诚一直没有子嗣。在青州十年，两人依然没有孩子，甚至连李清照有孕的记载都没有。这对于一个封建大家庭来说是绝对难以容忍的事情。郭氏夫人虽不至于因“无后”就让赵明诚休了李清照，但为赵明诚娶妾是必不可少的。李清照自是极希望“一生一世一双人”，但在那个要求女性讲求“三从四德”的时代，“无嗣”就是大过，她也没有理由要求赵明诚只守着她一人过一生。但在屏居的十年里，赵明诚一心扑在《金石录》上，给李清照造成了一种错觉：他们会一直只有彼此到终老。这十年李清照整体上是开心而满足的，这是因为赵明诚的心思全在《金石录》上，对娶妾之事并不上心，对子嗣问题也不急迫。当下最紧要的是修成《金石录》，赵明诚几乎与李清照形影不离，每日都要工作到很晚。郭氏对此大概也是无可奈何。但等《金石录》完成后，情况就不再一样了。

《金石录》完成后，“赵君无嗣”的问题再一次被提出。我们从后世的史料当中可推测，“赵君无嗣”的主要问题应该是出于赵明诚，但在那个时代只会把没有子嗣的问题归为女方的责任，所以李清照没有任何理由反对赵明诚纳妾。重和元年（1118 年）赵明诚被重启，离开青州赶赴外地任知州，随行的大概是他新纳的妾，一个年轻貌美又温柔知礼的女孩，李清照则被留在青州。北宋时，有官员异地为官不可携带妻儿的规定，妻儿不可随行，却可携带姬妾。实际上这条规定并没有真的得以严格执行，但当赵明诚去赴任时，用的便是这个理由把李清照留在了青州。如果说十年前的党争让夫妻二人被迫分离，此次却是赵明诚的主动选择。李清照既无法指责丈夫的无情，又不能当一个泼妇作河东狮吼，她只能在大家都欢欢喜喜送赵明诚赴任时，写下一首《凤凰台上忆吹箫》：

香冷金猊，被翻红浪，起来慵自梳头。任宝奁尘满，日上帘钩。生怕离怀别苦，多少事、欲说还休。新来瘦，非干病酒，不是悲秋。

休休，这回去也，千万遍《阳关》，也则难留。念武陵人远，烟锁秦楼。惟有楼前流水，应念我、终日凝眸。凝眸处，从今又添，一段新愁。①

明代的茅映评价这首词是“出自然，无一字不佳”。而实际上，这首词用了不少典故，只是因为出于真心，是真情流露，才不显得“重铺叙，尚典重”。对于赵明诚再次出仕到靖康之难之间的事情，李清照在《〈金石录〉后序》中未提一字，并不是日子平淡如水，无甚可记，而是这些年对

①［宋］李清照著，陈祖美编著，《李清照词新释辑评》，中国书店，2003 年 1 月第 1 版，第 90 页。

李清照实是一种折磨，让她不堪回首。而我们却可以从她的诗词作品与旁人的记载中大概窥见那些年发生的事情，从而了解真实的李清照与她的生活。

在《凤凰台上忆吹箫》这首词中有三个典故："阳关""武陵人""秦楼"。"阳关"即《阳关曲》，出自王维的《送元二使安西》，是千古流传的送别曲。"武陵人"则是两则典故的合用。一是指陶渊明《桃花源记》中误入桃花源的武陵渔人，二是指《幽明录》中记载的一则故事。汉朝时刘晨、阮肇二人入天台山采药迷路不得出山，下山至溪水边遇到两位美貌的女子。二女邀刘、阮二人至其家，当晚就与二人结成夫妇，相留同居。这两位女子声音清婉动听，让刘、阮二人流连忘返。半年以后，刘晨、阮肇二人起了思乡之情，辞别二女回家探亲，却发现家乡都已改了模样，旧日相识已无一人，一打听才知道已过了七代。正所谓"山中方一日，世上已千年"。李清照于此处用"武陵人"的典则是担忧赵明诚也如刘晨、阮肇二人一样遇到年轻貌美的"女仙"便乐不思蜀，忘了家中还有妻子。"秦楼"即凤凰台，指的是《列仙传》中弄玉与萧史的爱情故事。只是在原典中弄玉与萧史是一对佳偶，“乘龙快婿”的成语便出于此。“秦楼”是弄玉的住处，李清照在这里反用这个典故，对比与萧史双双飞去的弄玉，自己却是不得不独守空房的怨妇。

李清照有无数话想说，她希望赵明诚不要纳妾，希望赵明诚远行可以带上她，期望赵明诚不要再与歌伎有什么情长意短，可最终却什么也说不出来。当赵明诚拒绝她同行赴任时，李清照是恳求过的，“千万遍《阳关》，也则难留”，李清照借用《阳关曲》表示曾多次恳求赵明诚带自己一起赴任，可赵明诚依然冷酷地拒绝了，就仿佛之前的十年只是李清照一个人的美梦，如今梦要醒了。李清照被这个变故折磨得形神憔悴却依然打动不了赵明诚，索性她也不再求了，只是一人吞下这苦果。

此时的李清照是真真正正无处可去，无人可诉。李格非早已去世多年，她与王氏虽亲近，但这些闺阁秘事却无法与继母言说。即使她在青州还有手帕之交，但有些苦也只能自己受着。“惟有楼前流水，应念我、终日凝眸”，除了眼前的流水，她竟找不到一个能听她倾诉的人。人人都道“赵君无嗣”，却无一人道“赵君无情”。李清照除了诗词外，再无途径发泄。很多人读过李清照的词后都觉得有一种疏离感，似是难以与之产生共鸣，有时也难以读懂词中的隐曲。但如果按时间线来看，李清照25岁之前的词是十分明快的，感情直接，意思直白，并不难懂。变化实际是发生在她35岁之后的词作中。因为此时写词不仅仅是喜好更是倾诉。李清照也不再把这些词拿给别人看，她用这些词为自己营造了一个封闭的世界，她在这一方世界中，与缥缈虚无的知己对话，像讲别人的故事一样来诉说自己的事情。这种旁观式的书写，疏离的叙事方式，让李清照能冷静地看待自己的处境，在极度的痛苦与压抑中保持理性。这种折磨在当时看是难以忍受的，但磨炼了李清照的心志，让她在之后更为艰难的岁月中保持了心志上的坚强，孑然一身度过漫漫时光。

早前赵存诚与赵思诚赴任时，郭氏夫人就随着长子与次子回到了汴京，赵明诚再一离开，偌大的青州故居就只有李清照一个人了。

萧条庭院，又斜风细雨，重门须闭。宠

柳娇花寒食近，种种恼人天气。险韵诗成，扶头酒醒，别是闲滋味。征鸿过尽，万千心事难寄。

楼上几日春寒，帘垂四面，玉阑干慵倚。被冷香消新梦觉，不许愁人不起。清露晨流，新桐初引，多少游春意。日高烟敛，更看今日晴未。

——《念奴娇·春情》①

寒食连着清明，李清照与赵明诚新婚不久后，也写过一首关清明的词——《庆清朝·禁幄低张》。在那首词里李清照满满的自得，对自己、对生活、对爱情、对婚姻都充满信心。而这首《念奴娇·春情》写的也是临近清明之时的情景，却是情绪低落的。李清照婚后被党争连累，被迫返回原籍时，还时常接到赵明诚的书信，“云中谁寄锦书来”；而到了此时，却是“征鸿过尽，万千心事难寄”，她对赵明诚的思念无法寄出。她大概也效仿过《长门赋》的典故，给赵明诚写过信，但

①[宋] 李清照著，陈祖美编著，《李清照词新释辑评》，中国书店，2003 年 1 月第 1 版，第 96 页。

《长门赋》并没有打动汉武帝，陈阿娇至死也没等到她的陛下。赵明诚也没有被李清照的深情打动，李清照的独居生活一直持续到宣和三年（1121年）。那一年，赵明诚任莱州知州。

宣和三年（1121 年）七月底，李清照从青州赶赴莱州，途经山东昌乐县，夜宿于昌乐驿馆。这一夜下了通宵的雨。在驿馆中，李清照对自己前去莱州忧心忡忡。这几年来，她与赵明诚书信往来越来越少，内容也越来越简单。这次赵明诚同意她来莱州，言辞之间也没有多少热情，这让敏感的李清照对今后的生活有些担忧。她不屑与赵明诚的姬妾争风吃醋，与其那样，她不如独守故居。听着窗外淅沥的雨声，她愁眉紧锁，展开纸笺提笔写下《蝶恋花·晚止昌乐馆寄姊妹》一词。

在词中李清照没有明写对前途的担忧，只是对在青州的知己好友表达难舍之情，并万千叮嘱：一定要记得给自己写信。

李清照的担忧不是杞人忧天，她到了莱州后并没有得到赵明诚的热情接待，赵明诚只是把她简单安置下来，然后就不见了人影。李清照虽然一路充满担忧，但她内心还是幻想赵明诚能对她嘘寒问暖，体贴地为她拂去一路的风尘。然而，她已来了几日，赵明诚都忙着应酬，难得见她一面。一日，李清照静坐室内，一时间四顾茫然，不知身在何处，也不知自己为何而来。良久，她决定为自己找点乐子。她在桌案上发现一本《礼韵》，随手翻开，随意选了一个字，打算以此为韵写一首小诗。可是一落笔却发现自己满腔悲郁难平，遂写下："宣和辛丑八月十日到莱，独坐一室，平生所见，皆不在目前。几上有《礼韵》，因信手开之，约以所开为韵作诗，偶得'子'字，因以为韵，作感怀诗。"诗云：

寒窗败几无书史，公路可怜合至此。
青州从事孔方兄，终日纷纷喜生事。
作诗谢绝聊闭门，燕寝凝香有佳思。
静中吾乃得至交，乌有先生子虚子。

数载的冷落、今朝的慢待，让李清照的悲伤与愤怒爆发了出来。她没有用词来表达自己的不快，因为李清照在词中的感情是细腻温婉的，愁也罢，喜也罢，都是温柔典雅的，词中的感情不具有攻击性。诗却不同，当李清照的感情有剧烈波动时，她会选择用诗来宣泄。此时李清照实在控制不住自己的伤痛与怒气，控诉赵明诚整日周旋于各种宴会，与各色人等应酬，一心扑在功名利禄之上，而不似在青州时脚踏实地地做一些工作。李清照十分不屑赵明诚活成了她最讨厌的样子。

从现代眼光来看，李清照有着超时代的女性独立意识，这与她父亲对她的教育与宠爱有关，所以她希望爱情是两情相悦又志同道合；她希望婚姻是“一生一世一双人”。而赵明诚本质上是典型的北宋时期的文人士大夫，他恪守儒家之礼，遵从“不孝有三，无后为大”的古训，对子嗣看得很重。南宋人翟耆年的金石学著作《籀史》成书于宋高宗绍兴十二年（1142 年），其中提及赵明诚文物收藏极为丰富，但“无子能保其遗余，每为之叹息也”。这句话的意思是：赵明诚的收藏虽然丰厚，但是没有子女继承这些东西，每每为之叹息不已。说这话时李清照还活着，并没有提出任何异议，这便应该是确有其事了。因此，赵明诚纳妾更多的原因是出于子嗣方面的考虑。他觉得李清照应该有主母的样子，承担主母的责任，自己生不出孩子，便该主动帮丈夫纳妾续香火。在古代，即使妾有了孩子也是要记在主母名下的，所以在赵明诚看来，自己纳妾并不会影响李清照在家里的地位。但这几年赵明诚仍未能解决子嗣的问题，他无法再把子嗣的问题归结到李清照的身上，大概是出于这个原因，他才让李清照来莱州吧。

李清照与赵明诚看待对方的态度从一开始就有着本质的不同，所以李清照觉得赵明诚变了，因此而伤心难过。赵明诚却觉得两人之间始终如一，李清照是他的好妻子、贤内助。在他的认知中，李清照所做的一切都应有当家主母的样子。

赵明诚多年来始终不得子嗣，最后也不得不放弃。当他对子嗣的念头淡了下去后，对金石的热爱又让他与李清照回到了在青州时的样子。夫妻二人给在莱州的居所起名为“静治堂”，这大概是出于李清照的手笔。她在《感怀》一诗中提出作诗作学问都应该沉下心来，摒弃声色犬马的诱惑。在《〈金石录〉后序》中，她记述了在莱州时夫妻共同辑集整理《金石录》的生活：“装卷初就，芸签缥带，束十卷作一帙。每日晚，更散，辄校勘二卷，跋题一卷。”赵明诚对金石碑刻的痴迷不减，做了知州后更方便他探查古迹。莱州城南偏东约五公里的云峰山上有通“魏兖州刺史郑羲碑”下碑，赵明诚曾与下属前去观摩，徘徊碑前久久不肯离去。后来，他又打听到该碑的上碑在山东平度县天柱山绝顶，便遣人去天柱山访求上碑，并把上碑的拓片带了回来。

靖康元年（1126 年）从莱州卸任后，赵明诚又去了淄州做知州，这时夫妻二人的感情已基本恢复到了青州时期的模样。清人缪荃荪《云自在龛随笔》卷二录赵明诚跋《楞严经》时，发现赵明诚记述了一段他与李清照的日常生活。赵明诚在邢氏村村民邢有嘉那里借得一部据说是白居易手书的《楞严经》，他如获至宝，“上马疾驱归，与细君共赏。时已二鼓下矣，渴甚，烹小龙团，相对展玩，狂喜不支。两见烛跋，犹不欲寐”。赵明诚每觅得一件好物，必急着回去与李清照分享，李清照也必烹好茶与之同饮共赏，这倒有了几分两人新婚时的意思了。或许李清照还有几分意难平，但她愿意与丈夫重修旧好。就在李清照以为满天乌云已散时，上天又和她开了一个玩笑，更大的苦难即将来临。

第五章
国破家安在

靖康之变

北宋宣和七年（1125 年）八月，金兵分成东西两路，南下攻宋。靖康元年（1126 年）正月，完颜宗望率东路金军渡过黄河，包围北宋都城，破城的企图被李纲挫败，史称“第一次开封之围”。在汴京被围困时，幸亏有兵部侍郎李纲组织军队成功地阻挡了金兵攻城。而其他文官却觉得这是一次扳倒蔡京的好机会，于是借此纷纷弹劾蔡京，当时的民谣《十不管》中有一句“不管东京，却管蔡京”，即讽刺此种现象。战乱中宋徽宗将皇位禅让给太子赵桓，史称宋钦宗，同时改年号为靖康。第一次开封之围以北宋割地赔款而结束。

虽然都城之围已解，但郭氏夫人看到朝中乱象纷呈，觉得开封很危险，于是带着家人与财物去了金陵避祸。郭氏夫人是一位极有政治见地的女性，从赵挺之过世后，她恳求皇帝赐一个带“正”字的谥号，到“靖康之变”前避祸金陵，都说明她对政治时局有着准确的预判。此时，赵明诚夫妇并没有意识到这场危机的严重性，他们以为金人撤兵后，生活还会和以前一样，所以并未提前做任何准备。靖康元年（1126 年）后，赵明诚任淄州知州时，夫妻二人仍沉浸在收集金石之物和完善《金石录》中。

在“靖康之变”发生前，围绕在李清照与赵明诚身边的事情，最严重的不过是党争，他们对那些关乎北宋生死存亡的事情却鲜有关注。金石文物占据了他们大部分的注意力，让他们对时局缺乏敏感性。当时，淄州境内常有从宋金战场溃散下来的北宋士卒，州内治安一度混乱，赵明诚曾派兵弹压，维护民生的稳定，他因此而被朝廷“录功”“晋官一等”。这在夫妻二人看来，应该还算是好事。闲暇时，两人仍专注于金石研究，对于近在眼前的国家社稷之危视而不见。

靖康元年（1126 年）十月，金人再次兵分两路，南下攻宋。这次北宋兵将无法抵挡东西两路的攻势。金兵于靖康元年闰十一月丙辰日（1127 年 1 月 9 日）攻破开封城，俘徽宗、钦宗二帝。康王赵构于靖康元年（1127 年）十二月初一于河北建立大元帅府，为天下兵马大元帅。康王率兵先移屯北京大名府（今河北省大名市），继又移至东平府（今属山东省），以避敌锋。这时出现了一个有趣的现象：金人为了索取赔款，并未在一开始就对赵氏皇室动手，所以北宋朝廷还在运转，但主要工作就是筹款。此时，更多的人看到金人的贪得无厌，对北宋的命运持悲观的态度，因此南渡的人不断增多。但是李清照与赵明诚仍待在淄州，李清照在《〈金石录〉后序》中记述了那时他们“闻金人犯京师，四顾茫然，盈箱溢箧，且恋恋，且怅怅，知其必不为己物矣”。夫妻二人在心中已做好最坏的打算，但实在舍不得苦心收集的金石之物，因此他们大概仍怀着侥幸心理，希望这一次也能通过割地赔款换得金人的退兵。但经过第一次的劫掠，北宋已无力支付金人开出的赔款数额，金人甚至因为赔款数额没有达到要求而处死了户部尚书梅执礼、礼部侍郎陈知质、刑部侍郎程振、给事中安扶。

靖康二年二月丙寅日（1127 年 3 月 20 日），金太宗“诏降宋二帝为庶人”，北宋灭亡。三月丁酉日（4 月 20 日），金人立张邦昌为帝，国号“大楚”。

这一年的三月，郭氏夫人病逝于金陵。噩耗传到淄州，赵明诚无奈之下，决定自己先赶赴金陵奔母丧。赵明诚独自一人从淄州前往金陵，留下李清照收拾整理淄州及青州的金石文物准备南运。

独自南下

北宋灭亡，北方的局势岌岌可危，不甘做亡国奴的宋人，纷纷南下逃难。李清照先整理了淄州的金石文物，带着这些东西在四五月间返回青州。青州归来堂中存有海量金石文物，这些都是李清照夫妻二人二十余年的努力，在淄州时，面对数年的努力尚“且恋恋，且怅怅”，如今面对近半生的收藏，李清照的内心既焦急又无奈。这些文物对她而言，不仅是收藏，更是夫妻感情的见证。但是她也深知，如果把这些文物全部带走，其后果就是她可能永远也到不了金陵与赵明诚团聚，她只能舍弃大部分文物了。李清照在《〈金石录〉后序》中记述："既长物不能尽载，乃先去书之重大印本者，又去画之多幅者，又去古器之无款识者，后又去书之监本者，画之平常者，器之重大者，凡屡减去，尚载书十五车。至东海，连舻渡淮，又渡江，至建康。"①

李清照在极度无奈的情况下，舍弃了体积庞大、难以携带的文物和一些价值相对较低的文物，精挑细选之后，仍装满了十五车。她把其余的文物锁在青州归来堂的十余间房屋中，希望第二年春天能返回故居，重拾旧物。满怀恋恋不舍之情，李清照独自一人押着十五车文物南下金陵与赵明诚会合。这一路的艰辛、危险难以言述，实是难以想象，李清照一介弱女子是如何将这十五车文物在那乱世之中完好无损地运到金陵的。

李清照出发后不久，青州便发生了兵变，归来堂的文物被焚烧殆尽。李清照在《〈金石录〉后序》写道："青州故地尚锁书册什物，用屋十余

①［宋］赵明诚著，刘晓东、崔燕南点校，《金石录》，齐鲁书社，2009 年 4 月第 1 版，第 258 页。

间，期明年春，再具舟载之。十二月，金人陷青州，凡所谓十余屋者，已皆为煨烬矣。”① 这里“金人陷青州”实是因为音信阻绝造成的误会。

李清照离开后不久，青州临朐县有个叫赵晟的士兵，趁金人入侵、朝廷南迁之机聚众作乱。青州郡守曾孝序派部将王定前去捉拿，结果王定大败而归。曾孝序很生气，不许王定进城，要求他继续平定叛乱。王定大怒之下鼓动败卒，杀掉守护城门的士兵，率兵造反，杀入青州城。曾孝序无兵可用，面对这群不顾国家民族之利的叛乱士兵破口大骂，王定等人则一拥而上，杀了曾孝序。青州城失去郡守，城中秩序大乱，叛军开始洗劫这座城池。赵家的归来堂也不能幸免，在被洗劫后，又被纵火焚烧。李清照与赵明诚花费近三十年积攒的十余屋文物、书籍、字画“皆为煨烬”。

李清照得知这个消息时，内心的悲痛无以名状，但同时她也庆幸自己早出发了几天，否则这十五车文物怕也不能保存下来。

乱世之中既有趁乱而起的枭雄，也有趁火打

---

①[宋] 赵明诚著，刘晓东、崔燕南点校，《金石录》，齐鲁书社，2009 年 4 月第 1 版，第 258 页。

劫的宵小之辈。李清照在镇江便遇上了趁机作乱的叛军“一窝蜂”。“一窝蜂”的首领名叫张遇，本是河北真定府马军，靖康之乱后聚众起事，被称为“一窝蜂”。建炎二年（1128 年）春，张遇领兵进犯江宁府，被刘光世截住后军，遭遇大败，随后转向真州（今仪征），并由此渡江南下，攻陷镇江府。镇江知府钱伯言看到叛军来势汹汹吓得弃城而去，镇江府失守。宋仁宗之女秦鲁国大长公主从开封府避祸至此，她的次子钱愕为贼兵所杀，家人亦被劫掠而去。

张遇攻陷镇江府后，屯兵于金山寺及扬子桥，有两万多人。此时高宗正驻跸扬州，深觉张遇是一个很大的威胁，于是宋高宗令王渊前去招安。据《中兴小纪》记载，王渊率数万骑，直入张遇营寨。张遇见王渊“器械精明”，遂率众归降，被授阁门宣赞舍人。张遇之乱平定后，知府钱伯言才回到镇江城内。张遇及所率兵士，被收编在韩世忠麾下，张遇在建炎三年（1129 年）正月和金兵的战役中战死。

张遇攻陷镇江府，钱伯言遁走，李清照却在这时来到镇江。此时的李清照已是疲惫不堪，北方大乱，她本以为南下后情况会变好一些，但没想到，南方也是混乱一片。赵明诚已于建炎元年（1127 年）七月起复知江宁府，兼江东经制副使，不能无故离开任地，对李清照无法分心兼顾。李清照独自一人押着十五车金石文物面对叛军作乱。这十五车文物是她夫妻二人仅剩的收藏，也是凝结他们毕生心血得来的精华。李清照当时是用何种方法避开叛军并保住这十五车文物的已无法考证，我们只能看到在群龙无首、乱军四起的情况下，李清照一介弱女子带着她的车队，安全地离开镇江，惊险万分地来到了江宁，与赵明诚团聚。

当赵明诚看到妻子带着这十五车金石文物完完整整地来到江宁后，内心也是激动万分的。他在《〈赵氏神妙帖〉跋》中清晰地记述了此事："此帖章氏子售之京师，余以二百千得之。去岁秋西兵之变，余家所资，荡无遗余。老妻独携此而逃。未几，江外之盗再掠镇江，此帖独存。信其神工妙翰，有物护持也。"赵明诚说的"帖章"是指《神妙帖》，这是极为珍贵的文物。赵明诚醉心于金石之学，疏于表达感情，但是从这段记述中，后人还是可以看出赵明诚对李清照的佩服与感激。

此时，二人都已步入中年，赵明诚称李清照为“老妻”，让人不得不感慨时间的飞逝，李清照已从一个妙龄少女变成了一个双鬓微白的中年妇人。但她的禀性、脾气没有改变，那份从少女时代就有的锐气，更是从未消失。

踏雪寻诗

李清照带着十五车文物安全地抵达江宁，赵明诚惊喜交加，得知青州故居的藏品已化为飞灰后，又是悲恸得难以自已。他感激李清照临危受命，也心疼妻子一路所承受的风险与艰辛。李清照到了江宁后，婆婆早已入土为安，夫妻二人不胜唏嘘。

李清照到了江宁，以为大宋军队在休整之后便能重新振作，夺回失地，而现实则给了她沉重的打击。

宋军整体作战素质低下，内部意见也不统一，高宗并没有坚定的战意，更多是想退避江南，偏安一隅。江北的宋军在宗泽的带领下顽强地与金军反复争夺东京与西京附近的州府，大量文臣武将战死。但也有投降、弃城而逃的官员，同时各地趁火打劫之辈也层出不穷。宋军一方面要与金军作战，一方面还要应付这些流寇叛军。而江南也不太平，军士叛变屡见不鲜。这些人与金人作战时毫无还手之力，打宋军却节节获胜，从此也看出北宋军队的孱弱。

李清照经过从青州到江宁一路所见所闻的历练，心境发生了巨大的变化，再也不是靖康时的贵妇了。她的目光不再局限在小家之中，不再囿于金石研究，而是投向这个动荡不堪、岌岌可危的社会。研究李清照的词作时，总是把她与南唐后主李煜相提并论，因为他们的词风与意境在青年与中年时都有极大转变，而原因就是都经历了家国的破碎与亡乱。但李煜转变的原因则更为明显：从一国之君沦落为违命侯，受尽折辱；而对李清照转变的原因描述得却并不够细致。李清照的改变应该就是从独自一人押运十五车文物从青州南下江宁开始的。

到了江宁，仍然看不到希望的李清照既不能理解龟缩于江南的南宋君臣，也不甘于看到北方战事节节失利。当时，每天都会有各种消息从北方传回，而其中大多数则是战事失利的消息。即使她一个妇道人家，也能感受到时局的艰险。这种愤懑的情绪远非当时受党争牵连可比，这是对家国天下的担忧，对无望回归故土的绝望。至此，李清照在创作上，诗的数量明显上升，词风与意境也转为深沉。

李清照的满腹忧心与愤怒都化为创作的欲望，她要用诗记录下这乱世的种种。

宋人庄绰《鸡肋编》卷中记载——“赵明诚妻李氏清照亦作诗以诋士大夫云：‘南渡衣冠欠王导，北来消息少刘琨。’又云：‘南游尚觉吴江冷，北狩应悲易水寒。’后世皆当为口实矣!”

这四句诗，从内容与押韵来说，应该分属两首诗，虽然全诗没有留存下来，但是在宋人的笔记中多有记载。庄绰是与李清照同时代的人，还有比庄绰晚一些的南宋胡仔在《苕溪渔隐丛话》中也记录了这四句诗，这些足以证明李清照确实写过这些诗句。

非常明显，这些诗是对南宋士大夫的讽刺。王导、刘琨都是西晋旧臣，西晋灭亡后，他们都念念不忘收复中原失地。根据刘义庆的《世说新语》记载，东晋王朝初建的时候，从北方南渡的士大夫们常常在一起饮酒聚会。有一次，大家望着江南山水，不禁想起北方中原的风景，于是相对落泪，非常感伤。只有宰相王导拍案而起，说："当共戮力王室，克复神州，何至作楚囚相对！"意思是大家应该化悲痛为力量，不要像囚牢中的犯人一样悲切对泣，要振作精神，筹谋收复中原失地的宏图大业。刘琨与王导同时，年轻的时候曾与好友祖逖闻鸡起舞，相约要做出一番事业。西晋王朝被迫南渡之后，他以太原为根据地，在左右强敌环伺的环境下安抚流民，发展生产，加强防御，积极抗击外侮，成为晋朝在北方敌后的主要代表与权力象征。

李清照希望南宋的文臣武将也能像王导与刘琨一样，勿偏安一隅，积极北伐，收复失地。可惜，这么多人里却无一人能有此志向。

如果前两句只是对南宋士大夫的嘲讽，后两句则直指高宗本身。"南游"实指高宗君臣一味向南退让，被金人吓破胆的君臣只能懦弱地退守一隅，不敢再提抗战之事；"北狩"则是对宋徽宗、宋钦宗父子被金人掳去北方的避讳说法。北地酷寒，条件恶劣，在江南尚觉寒冷入骨，在北地的徽宗父子又要受到怎么样的折磨呢？

李清照言辞犀利，庄绰说其“诋”士大夫，所以这些诗便变成了“口实”，让后人借此来攻击李清照。李清照完全不避讳南宋朝廷从上到下，而后世之人攻击李清照，也无非是因为她说中了这些文人士大夫的痛处。

在李清照忧心如焚之时，赵明诚一直陪在她的身边，陪她踏雪寻诗。宋人周煇在《清波杂志》卷八中记载：“明诚在建康日，易安每值天大雪，即顶笠披蓑，循城远览以寻诗。得句必邀其夫赓和，明诚每苦之也。”

赵明诚虽喜爱诗词，但并不擅长，只是偶尔为之，尚算情趣。像李清照这种如考试般的邀请，赵明诚就叫苦不迭了，但是赵明诚仍一直相伴其左右。李清照感觉往日的种种不快都在这乱世之中消弭了，最初与最终都只有他们二人。此时，虽然二人都已过了四十不惑的年纪，但李清照仍觉得未来他们还有很长的路要走，却不料，在江宁府短暂的团聚是永久分离前最后的安宁与祥和。

易水寒彻

江宁，即建康，是“外连江、淮，内控湖、

海”的东南要会之地，以长江天险为防线，北望中原，南控吴越，是极为重要的战略要地。当时南宋朝廷关于定都何地曾发生过激烈的争论，希望收复国土的大臣建议定都建康，构建淮河、长江两道防线，但是以高宗为首的只图偏安一隅的人则认为建康离前线太近，仍想继续南下。定都一事两派未曾达到统一，暂时搁置。

建炎三年（1129 年）前，高宗在苏州、扬州之间迁徙，江宁府作为战略重地，对于高宗的安全至关重要，因此他必须挑选一位信得过的臣子担任江宁知府。而此时，北宋旧臣死的死，困的困，朝中空缺甚多，几乎无人可用。赵明诚就是在这种情况下脱颖而出的。

赵明诚根正苗红，出身没有问题，其父为北宋宰相赵挺之，为官素有清名；其兄皆为朝中高官，随侍高宗。而赵明诚本人，虽没有其父兄的威望，但在任淄州知府时曾镇压过败军滋事作乱，维护了一方的安定，还曾因此而受到嘉奖。所以，建炎元年（1127 年）七月，高宗将江宁知府这一重要职位授予赵明诚，兼江东经制副使，八月到任。

但赵明诚与其父兄并不相同，他更适合担任一些清贵的职务，而不是管理一方的行政长官。他在江宁时没有什么值得记载的。但是即使时局动荡、朝不保夕，赵明诚也没有放弃金石之学，甚至为此做出不算光彩的事情。

赵明诚醉心于金石之学，年轻时，囊中羞涩，与李清照典当衣物购买心仪的金石之物。之后他官职升迁，虽没有再这般困窘，但终是拮据。而当他成为江宁知府时，却做了一件不光彩的事。

南宋政治家谢伋家有一幅《萧翼赚兰亭图》，根据《嘉泰会稽志》记载，“此图乃江南李后主故物”，为唐代阎立本所画，是极珍贵的文物。谢伋是赵明诚的一位表亲之子，当时谢伋与同乡周谷以路过江宁府，携带这幅画，拜会赵明诚。赵明诚把这幅画借去赏玩，结果是有借无还。在这件事上，赵明诚也算是以势压人，以江宁知府这一重要官职，为自己谋了一些私利。

赵明诚任江宁知府时对政务疏于管理。建炎三年（1129 年）二月，赵明诚被派往湖州任知州。从知府到知州实际上是降职，其原因不得而知。

与赵明诚同在江宁为官的武将王亦担任御营

统制官，官职略低于赵明诚，却是直属于高宗的军队，不受赵明诚辖制。《续资治通鉴》中记载：“御营统制官王亦，将京军驻江宁，谋为变，以夜纵火为信，江东转运副使、直徽猷阁李谟觇知之，驰告，守臣秘阁修撰赵明诚，已被命移湖州，弗听。谟饬兵将，率所部团民兵伏涂巷中，栅其隘。夜半，天庆观火，诸军噪而出，亦至，不得入，遂斧南门而去。迟明，访明诚，则与通判毋丘绛、观察推官汤允恭缒城宵遁矣。”

王亦等人约定以夜间纵火作为起兵的信号，企图谋反作乱。但他们行事不密，这件事被江东转运副使李谟得知，他马上将这个重要的信息告知江宁守臣、兼任江南东路经制副使的赵明诚。但就在不久之前，赵明诚已收到改任湖州知州的调令，赵明诚以此为借口拒绝李谟提出的平定叛乱的建议，采取了“事不关己，高高挂起”的态度。李谟见此只好自己单独采取行动。他命令自己的部队以及地方兵民埋伏在乱兵必经的道路两旁，在路口搭建栅栏，阻止乱兵前进。半夜时分，王亦等叛军果然在城中天庆观纵火，鼓噪起兵，企图攻占建康城。但是由于李谟事先采取的一系列强有力的军事措施，乱兵始终无法攻进建康城中，最后只好砍开南城门逃离而去。第二天天亮之后，李谟去拜见赵明诚，想要汇报昨夜的详情，但万万没有想到，赵明诚与江宁府通判毋丘绛、观察推官汤允恭居然连夜从城墙上吊下绳子，趁乱逃走了。

赵明诚的这一行为，让李清照失望至极。无论是从国家大义还是夫妻小爱出发，赵明诚的这一行为都不能得到李清照的谅解。李清照不能相信自己的丈夫会抛下一城百姓，抛下自己，抛下那十五车她千辛万苦押运而来的金石文物，独自一人弃城而逃。李清照更是万万没想到，自己一直鄙视的贪生怕死、偏安一隅的南宋臣子就在自己身边，就是自己的丈夫。面对赵明诚等三人贪生怕死的行径，李清照愤怒至极，同时也深受打击，在情感上，在精神上，都一度陷入极度的低落之中。

李清照初来江宁府时的那股锐气似乎都被消耗一空，面对初春的景色也是难提精神。在一段时间内，她既不想见赵明诚，也愧见建康府中的任何人。她把自己封闭在深宅高墙之中，这种心灰意懒让她提不起精神做任何事情。她引以为傲的诗词歌赋，她钟爱的金石之物都不再能吸引她。想起从 19 岁受党争牵连，到此时山河破碎，她似乎一直处在奔波之中，明水、汴京、青州、建康，哪里都不是她的故乡。

李清照的消沉一直持续到她与赵明诚离开建康。赵明诚因为弃城而逃被罢免湖州知州一职，而他也无颜再在建康府待下去，以最快速度整理好全部物品，与李清照离开建康。李清照在《〈金石录〉后序》中记述了这段经历：“己酉春三月罢，具舟上芜湖，入姑孰，将卜居赣水上。夏五月，至池阳。被旨知湖州，过阙上殿。遂驻家池阳，独赴召。”①

夫妻俩从江宁乘船到芜湖时，途经乌江县，那里有古迹项王庙，赵明诚在《金石录》中收录了《唐西楚霸王祠堂颂》。因此途经此处时，夫妻二人特意来项王庙游览。在对项羽的凭吊中，李清照触景生情，感慨万千，又想到南宋那些文臣武将及丈夫所做之事，一时心绪难平，遂写下

①［宋］赵明诚著，刘晓东、崔燕南点校，《金石录》，齐鲁书社，2009 年 4 月第 1 版，第 258 页。

《乌江》一诗。

生当作人杰，死亦为鬼雄。

至今思项羽，不肯过江东。①

这是一首借古讽今之作，李清照歌颂项羽，表明了她的一种英雄史观，讽刺南宋朝廷的苟且偷安及宋高宗的逃跑主义，更是分明含有对丈夫的谴责之意。

赵明诚自知理亏，对《乌江》一诗并未表现出任何计较。他不是一个好官，但也不是一个十恶不赦的坏人，他只是具有封建时期文人典型的胆小、怯懦与自私的特点。所以当危险来临时，他首先想到的是保全自己。他拒绝李谟是不想担责任，如果建康失守，朝廷知道是他主持的战役，便会责罚于他，因此他以自己已是湖州知州为由，事不关己，高高挂起；当战事一起，他又担心建康守不住，自己会被叛军所杀，所以“缒城宵遁”。

事后赵明诚并非不后悔，他愧对朝廷，也愧

①［宋］李清照著，徐培均笺注，《李清照集笺注》，上海古籍出版社，2002 年 4 月第 1 版，第 238 页。

对妻子。他在危急时刻抛下李清照独自逃生，而李清照却在他颜面尽失、官职被罢的困窘之际，默默地陪伴在他的身边，没有提及那一夜的事情，也没有当面斥责与控诉。妻子此时是他在这世上最信任的人，也是唯一能依赖的人了。因此，当他从妻子的诗中看到对自己的谴责时，并没有动怒，而是默然接受。

赵明诚因逃跑一事被罢官，自认为恐难再起复，便打算与妻子在江西赣水之滨定居。当年五月，夫妻二人来到池阳（今安徽贵池），却接到圣旨，命赵明诚继续担任湖州知州一职，即刻回转建康面圣。赵明诚能得到重新启用，是有其特殊的历史原因的。第一，他的两位兄长位高权重，自是可以帮他疏通；第二，南宋朝廷初期无人可用，行政人员大量缺乏；第三，南宋地方守臣弃城而逃屡见不鲜，赵明诚与他们比起来，也不算很过分。

赵明诚接到任命时，内心应该是激动的，在他看来，这是给了他一次补救错误的机会。他急于向世人、向妻子证明自己并非一无是处、贪生怕死之辈。因此，赵明诚不打算带着李清照及一切辎重，而是自己一个人轻装快速赶赴建康。

赵明诚的激情也感动了李清照，她似乎又见到了那个意气风发的少年郎。

李清照暂时安顿在池阳，大概是想等赵明诚赴湖州任后，她再与丈夫会合。这一年的六月十三日，赵明诚收拾好行囊，从陆路赶往建康。李清照依依相送。

> 六月十三日，始负担舍舟，坐岸上，葛衣岸巾，精神如虎，目光烂烂射人，望舟中告别。余意甚恶，呼曰："如传闻城中缓急，奈何?"戟手遥应曰："从众。必不得已，先弃辎重，次衣被，次书册卷轴，次古器；独所谓宗器者，可自负抱，与身俱存亡，勿忘之!"遂驰马去。
>
> ——《〈金石录〉后序》①

在这段记叙中，后人已看不到李清照对赵明诚的不满，在李清照的眼中，赵明诚仍是如初见般的神采飞扬。"葛衣岸巾，精神如虎，目光烂烂

①［宋］赵明诚著，刘晓东、崔燕南点校，《金石录》，齐鲁书社，2009 年 4 月第 1 版，第 258 页。

射人”，这时的赵明诚哪还有建康城“缒城宵遁”的狼狈，他留给李清照的只有潇洒的风姿、光彩照人的神色。大概是女性的直觉，李清照一方面为丈夫能被重新启用而替他高兴，另一方面对即将到来的分离怀有难以名状的忧虑。她的情绪在这种矛盾心情的拉扯下，并没有十分高涨，她大声问赵明诚：“如果像传闻那样城里告急，怎么办?”赵明诚大声地回答：“随着众人逃吧。如果遇到紧急情况，万不得已时，先丢弃箱笼包裹，再丢掉衣物被褥，如果仍不行，就扔掉书籍画卷，最终仍是不能脱离危险，就把古董器皿也扔掉，但是唯独宗庙礼乐这些祭器，你要亲自牢牢抱住，与之共存亡。千万要记得!”说完这番话，赵明诚纵马疾驰而去。

建炎三年（1129 年）六月，赵明诚为赎前愆，小心谨慎，一心想快点到达建康，面见高宗。这种急迫的心情，让他不顾身体条件，冒着大暑一路疾行，行至半路便生了病。但是他没有停下，而是带病坚持来到建康，还未被高宗召见，他的病情就加重了，染了发热的疟疾。

七月末，李清照收到赵明诚的书信，得知他

得了疟疾后，大惊失色，又急又怕。她知道，赵明诚的性子向来很急，发现自己在发热后恐怕会服食寒性的药物祛热，而这反而会加重病情。

李清照忧心如焚，乘船直奔建康，昼夜不停，以最快的速度赶到赵明诚的身边。事情的发展果不出她所料，赵明诚果然服用了柴胡、黄芩等性寒退热之药，结果疟痢并发，病情已到了危重的程度。李清照的内心一片冰凉绝望，赵明诚的病情已无药可救，大概只是撑着一口气等着见李清照最后一面。李清照悲痛不已，她不想问赵明诚有何遗言，似乎这样可以多留丈夫几日。

但是到了八月十八日，赵明诚的病情急剧恶化，已是油尽灯枯之像。他要李清照取来笔，留下遗言，便溘然长逝。在临终之时，赵明诚没有提及其他的任何姬妾，在最初的相遇中只有他们二人，在生命的终点时他们亦只有彼此。

多年以后，我们仍能从李清照的文字中看到她当时的不舍与悲伤：

> 涂中奔驰，冒大暑，感疾，至行在，病痁。七月末，书报卧病。余惊怛，念侯性素急，奈何。病痁或热，必服寒药，疾可忧。

遂解舟下，一日夜行三百里。比至，果大服柴胡、黄芩药，疟且痢，病危在膏肓。余悲泣，仓皇不忍问后事。八月十八日，遂不起，取笔作诗，绝笔而终，殊无分香卖履之意。

——《〈金石录〉后序》①

后世之人多纠结于赵明诚有没有纳妾，他爱不爱李清照，而且对于“殊无分香卖履之意”格外介意，往往都是从此句入手判断赵明诚与李清照的关系，然后由此推导李清照词作的一些内涵。其实这并没有什么必要，有时反而还会因此对李清照的一些作品进行过度解读。李格非具有更为先进的教育观，李清照具有超时代的女性意识，却并不意味着其他人也有，绝大多数人还是臣服于当时的意识形态的。从这个角度考虑，赵明诚纳妾与他爱李清照并不冲突，赵明诚为子嗣纳妾，对年轻貌美的歌伎动心，都符合当时文人的生活特点和性格特点。李清照对赵明诚而言，不仅是妻子，还是当家的主母，更是工作上的伙伴，生

①［宋］赵明诚著，刘晓东、崔燕南点校，《金石录》，齐鲁书社，2009 年 4 月第 1 版，第 258 页。

活上的贤内助。李清照提及赵明诚临终遗言中并无“分香卖履之意”。“分香卖履”出自陆机的《吊魏武帝文》中转引的曹操《遗令》：“余香可分与诸夫人，不命祭。诸舍中无所为，可学作组履卖也。”这段话的意思是说，域外馈赠的名贵香料，可以作为遗产分给众妾；至于宫女，没有别的事情可做，就叫她们去学做鞋子卖钱养活自己。后来，人们便经常用此典来指代临终时对妻妾的恋念。李清照此处用此典，实际上是说明赵明诚在临终之时只挂念李清照一人，身边亦只有李清照一人而已。

李清照伤心欲绝，陆续写下多篇悼亡作品。被后世频频提及的是《祭赵湖州文》中的“白日正中，叹庞翁之机捷。坚城自堕，怜杞妇之悲深”。此篇祭文全文已不可见，唯留此二句，题目已是后人加上的，文章采用了祭文常用的骈体文四六对偶句法。“白日”句典出宋代释道原的《景德传灯录》卷八——“庞蕴于入寂之际，令其女灵照出视时日之早晚，灵照回报：‘日已中矣，而有蚀也。’庞蕴乃出户观看，灵照随即登父座合掌坐亡。庞蕴笑曰：‘我女锋捷矣！’遂更延七日入寂。”这本是表现独特机锋与謦欬笑谈之间坐脱立亡之禅境的，李清照用于此处，是表示赵明诚先她而亡，较之后亡者之处境为好，实则暗寓自己独存之悲伤。“坚城”则是双关用法，一是指“杞梁妻哭夫”的典故。刘向《说苑·善说篇》载：“昔华舟、杞梁战而死，其妻悲之，向城而哭，隅为之崩，城为之阤。”“阤”即溃塌之意，用此表明自己的悲伤亦如滔天洪水；二是暗喻赵明诚为国之长城，明诚之死，就像坚城倒塌一般，实则是对赵明诚的褒赞。

历史中没有记载赵明诚葬于何处，但从当时的局势来看，葬于建康的可能性最大。当时的局势动荡难安，他处下葬并不现实。赵明诚之母郭氏夫人也葬于建康，李清照将赵明诚葬于其母附近也是比较合乎情理的。或许赵明诚之后也随其母被迁往泉州，或许仍留在建康城。而无论是建康，抑或是泉州，李清照都未能与赵明诚合葬。“生同衾，死同穴”是对一段感情的完整概述，虽然李清照与赵明诚未能完成这一传统，但是李清照对赵明诚的挚爱之情，已记于文字之中，流传千古。

第六章 漂泊旦夕间

赵明诚的离世让李清照深受打击，她在极度伤心之下，一病不起。这场病来势汹汹，李清照在《〈金石录〉后序》中记述：“余又大病，仅存喘息。”屋漏偏逢连阴雨，病体沉重的同时，李清照还面临着建康府即将被金军攻克的危险。如何保住她自己押运来的十五车文物与赵明诚遗留下的文物成了李清照眼下最重要的问题。

金石俱焚

建炎三年（1129 年），金军南下，完全不理会高宗的求和。

此时，李清照刚为赵明诚料理完后事，身心皆遭到巨大打击，随即病倒，病体沉重，仅余喘息。而时局危急，此时李清照身边尚有“书二万卷，金石刻二千卷，器皿、茵褥可待百客，他长物称是”①。这些是她拼死押运而来的十五车文物和赵明诚生前所留之物，这些物品移动不便，如果想一同带走会耗费太长时间，而李清照此时又重病在身，不能立即启程。在赵明诚刚离世之时，动荡的时局没有给李清照太多伤心的时间，金兵南下的消息，让李清照一时间茫然无措，不知应该逃向何方。经过几天痛苦的等待与思索，她终于决定去洪州。

此时赵明诚的妹夫正在洪州，他担任兵部侍郎，护卫逃到此地的隆祐太后（宋哲宗的皇后）。李清照全面考虑了一下局势，想到自己如此多的物品，追随皇室女眷逃亡并不现实，她需要有足够强大的力量保护这些物品，尤其是金石之物，她答应过丈夫以生命保护这些文物的。而赵明诚的妹夫手中握有兵权，为保护隆祐太后，也有足够的兵力；况且洪州离建康很远，应该不是金兵重点攻略的对象。衡量之后，李清照觉得去洪州

---

①[宋]赵明诚著，刘晓东、崔燕南点校，《金石录》，齐鲁书社，2009年4月第1版，第258页。

更为保险。她连夜修书，委托赵明诚生前的两位部下将上千卷古籍文物包括一些家具器物分批运往洪州，托付给妹夫，希望他能暂时代为保管。

虽然历史没有记载妹夫的回复，但是当时妹夫应该是应允的。李清照在建康城养病，按常理推断，当她病愈之后，理应前往洪州。但计划永远没有变化快，尤其是在这乱世之中。当李清照病体恢复想前往洪州之时，金军攻克洪州并屠城。在这场全城皆覆的浩劫中，寄存于赵明诚妹夫处的家当尽数被毁。“冬十二月，金人陷洪州，遂尽委弃，所谓连舻渡江之书，又散为云烟矣”。① 一个“又”字，含有无限伤痛。第一次青州兵变时，青州故居的十余屋文物皆化为云烟，这一次洪州被金军攻陷，剩余文物再次全部被损毁。至此，李清照与赵明诚收集的绝大部分金石之物已因战乱损毁或丢失。

李清照的痛惜之情无以言表，然而，这并不是结束。一件意想不到的事情，让病中的李清照既怒且惧，也更加让她无所适从。

①[宋] 赵明诚著，刘晓东、崔燕南点校，《金石录》，齐鲁书社，2009 年 4 月第 1 版，第 258 页。

洪州被攻陷后，李清照无处可去，想到了自己的弟弟李迒在朝任敕局删定官，此时正在台州。“敕局”是主管皇帝诏书的机构，其属吏自然是跟随御驾行动。李清照想去投奔弟弟。她匆匆赶赴台州，到了台州时，金军也在逼近，台州太守已弃城而逃，而李迒也随高宗由台州入海，李清照扑了空。在这一过程中，李清照听到了“玉壶颁金”的传闻。

据俞正燮《易安居士事辑》载：“初，学士张飞卿者，于明诚至行在时，以玉壶示明诚，语久之，仍携壶去；时建康置防秋安抚使（当时临时京城建康设有专门防止叛国通金慰抚百姓的官员），扰攘之际，或疑其馈璧北朝也。言者列以上闻，或言赵、张皆当置狱。”这就是“玉壶颁金”之案。当时朝野上下突然兴起一阵流言，有人诬告赵明诚生前将家藏的玉壶献给了金人。如果高宗相信这件事，对于李清照而言就是抄家灭族的重罪。此时全国上下合力对抗金人，金军入侵之时亦犯下累累罪行，烧杀抢掠甚至屠城，但凡有些良心的人，都对金军恨之入骨；同样对向金人屈膝投降、卖国求荣之辈也格外鄙视。而且高宗虽自己也向金人屈膝求和，但决不允许自己的臣子与金人私下勾结。比如张邦昌，虽然高宗表示对他接受金人册封，成为“伪楚”皇帝既往不咎，还对他还政于宋进行了嘉奖，但仍将他赐死于潭州，《金史》里定性此事为：“康王已即位，罪以隐事杀之。”“隐事”，即没有在历史上留下明确原因的意思。李清照自述：“余大惶怖，不敢言，亦不敢遂已。”她非常惊惧，既不敢说什么辩白的话，也不敢就这样放任不管。

而“玉壶颁金”实是子虚乌有之事。赵明诚病中时，有一个叫张飞卿的学士，带了一把壶来见赵明诚。这是一把石制的壶，看着像是玉材质的。大概张飞卿知道赵明诚擅长金石研究，所以想让他帮着看看壶的来历。两人谈了很长时间后，张飞卿携带这把壶离开了。但是这件事被谣传为赵明诚与张飞卿密谋将玉壶献给金人，还传言有人向朝廷秘密弹劾此事。

李清照深知此事的干系重大，虽然此时高宗忙于奔逃，无暇理会，可一旦时局稳定，高宗一定会秋后算账。既是为了维护赵明诚的名声，也是为了自保，李清照决定继续追随高宗的行迹而去，打算向朝廷进献手头珍贵的铜器文物，以证清白。李清照这一决定实是出于无奈，追随高宗的逃亡路线并不是明智之举，金人南下，最重要的目的就是追击宋高宗，以图彻底灭亡赵氏江山。所以金军进军的路线可以说是主力一直追着赵构跑，其余金军攻打其他城市，试图对宋高宗造成合围之势。虽然最精锐的军队都护卫着高宗，但并不能给李清照以保护。李清照反而要时时担忧金军追击上高宗，一旦两军爆发直接冲突，她将陷入极大的危险之中。然而出于对赵明诚一生名声的维护，她不得不选择这条危险的路线。

是时，运到洪州的金石之物已全部损毁，留在李清照手中的都是异常珍贵的，是赵明诚当初要求李清照与之共存亡之物。“独余少轻小卷轴书帖，写本李、杜、韩、柳集，《世说》《盐铁论》，汉唐石刻副本数十轴，三代鼎、鼐十数事，南唐写本书数箧。”① 李清照带着这些比生命还贵重的金石之物，开始了追随高宗逃亡的历程。

自从建炎三年（1129 年）七月金军开始南侵，宋高宗即分遣六宫，率臣僚南逃。十月到越

---

①[宋] 赵明诚著，刘晓东、崔燕南点校，《金石录》，齐鲁书社，2009 年 4 月第 1 版，第 258～259 页。

州（今浙江省绍兴市），随后又逃到明州（今浙江省宁波市），并自明州到定海（今浙江省舟山市），漂泊海上，逃到温州（今属浙江省）。李清照一路追赶，但始终都晚了一步，往往都是高宗刚刚离开，李清照才到。李清照从台州回到剡县，出睦州，又丢掉衣被急奔黄岩，雇船入海，跟随御舟的行迹从海道往温州，又往越州；建炎四年（1130 年）十二月，到了衢州。绍兴元年（1131 年）三月春，李清照再一次到了越州。

李清照到了越州，高宗则已逃往明州。在李清照屡屡与高宗错过后，她觉得一直这样追下去恐怕没有结果。此时她已年届五旬，孤身一人带着这些珍贵的文物，恐怕会怀璧其罪，到时，文物保不住，赵明诚的冤屈也不能洗清，于是她想把一部分文物放到一个相对安全的地方。思来想去，李清照选中了剡县。

剡县，即现今嵊州市，隶属于浙江省绍兴市，地处浙江省东部，北靠杭州市，东邻宁波市。李清照挑这个地方，是非常有眼光的。这里离后来南宋的行在临江府（杭州）是非常近的，而又不会过多地吸引金人的注意。李清照选择在这里寄存文物，间接反映了李清照对时局判断的准确性。作为一个年近半百的妇人，带着这些铜器追赶高宗实是过于勉强，她自然想找一处既安全、不易受战火波及，又离高宗比较近的地方寄存文物。而她也大概看出，高宗更倾向于把临江府当作行在，因此最终选择剡县作为寄存之地。

这可以说是当时最好的选择了，然而，终是人算不如天算。虽然剡县没有被金人攻占，却发生了士兵哗变的事情，后来官军平定叛乱的兵卒时，把这些铜器、写本全都拿走了，据说是送到了"李将军"的家里。李清照此时并不在剡县，而这位"李将军"又已病故，文物去了哪里，有没有交到朝廷手中，也没人说得清楚。这批珍贵的文物就这样消失了。"玉壶颁金"之事也不了了之。

经过剡县的一场祸事，李清照存于手边的金石文物已十去其五六，剩余六七箱的文物李清照视若性命，带在身边不肯稍离。整整一年，她带着这些文物在越州、明州等地奔波，追随高宗逃亡的路线而走。在这一年中，她饱受颠沛流离之苦，时时忧心仅存文物的安危。在流亡的途中，她见识到江南局势的危急与混乱，见识到南宋大臣们在危机时刻表现出的种种形迹，也见识到金军的凶残。这一切没让李清照畏惧，反而更激起她的爱国之意。这一年七月，她听闻刘豫被金人册封为皇帝，国号大齐，建都大名府时，既愤怒又觉得滑稽，挥笔写下《咏史》一诗，对此事进行斥责。

两汉本继绍，新室如赘疣。
所以嵇中散，至死薄殷周。①

长久的流亡并没有让李清照心灰意懒，反而激起了她的斗志，她的诗风更加激昂，而词风则进一步转向深沉。

建炎四年（1130 年）夏，金军撤离江南，宋高宗回到绍兴府，随后升杭州为临安府。金军暂停南侵，回师北还。趁此机会，高宗调精兵镇压荆湖、江西、福建等路的农民起义军和盗匪，稳定江南局势，同时又任命岳飞、韩世忠、吴玠、刘光世、张俊等人分区负责江、淮防务，防御金兵。江南局势稍稳。

李清照亦在绍兴元年（1131 年）再次来到越

①［宋］李清照著，徐培均笺注，《李清照集笺注》，上海古籍出版社，2002 年 4 月第 1 版，第 217 页。

州，租住在当地一户钟姓人家中。李清照为了保护所剩不多的金石之物，将它们全部堆放于自己屋中的床榻之下，平时看护也不假手于人。但是厄运似乎始终纠缠着这批文物。一天夜里，李清照有事外出，当她回到钟家后，发现自己所住的屋子被人在墙上挖开一个大洞，床下的五箱字画不翼而飞。李清照心如刀绞，这是她最后所余之物，亦是她与赵明诚夫妻之情最后的见证。李清照痛心之余，立即悬赏重金收赎被盗字画。没想到仅过两天，隔壁邻居钟复皓拿了十八轴书画求赏。李清照立时明白，盗画之人就是钟家人。可是她苦无证据，无可奈何，只能苦求钟复皓，并表示愿以重金赎买剩余之物。但钟复皓怕事情败露被李清照抓住证据，再也不肯说出其余字画的下落。李清照在《〈金石录〉后序》中记道："所谓岿然独存者，乃十去其七八。所有一二残零不成部帙书册，三数种平平书帖……"①

夫妻二人穷尽三十年收集整理的金石之物，在短短几年内烟消云散，这对李清照是莫大的打

①［宋］赵明诚著，刘晓东、崔燕南点校，《金石录》，齐鲁书社，2009 年 4 月第 1 版，第 259 页。

击，亦是她余生中难以消解的痛苦。在若干年后，她为亡夫的著作《金石录》写序时，谈及此事仍是难抑悲痛：

> 今日忽阅此书，如见故人。因忆侯在东莱静治堂，装卷初就，芸签缥带，束十卷作一帙。每日晚，吏散，辄校勘二卷，跋题一卷。此二千卷，有题跋者五百二卷耳。今手泽如新，而墓木已拱，悲夫！昔萧绎江陵陷没，不惜国亡而毁裂书画；杨广江都倾覆，不悲身死而复取图书，岂人性之所著，死生不能忘之欤？或者天意以余菲薄，不足以享此尤物耶？抑亦死者有知，犹斤斤爱惜，不肯留在人间邪？何得之艰而失之易也！
>
> ——《〈金石录〉后序》①

这里有对所失之物的痛惜，亦有对自己的责备，还有对亡夫的想念与眷恋，更有对于天道不公的控诉，及至数百年之后，凡读及此文之人亦不禁为之扼腕叹息。

---

①［宋］赵明诚著，刘晓东、崔燕南点校，《金石录》，齐鲁书社，2009 年 4 月第 1 版，第 259 页。

良人不再

经过四次劫难，李清照与赵明诚收集的金石之物已基本散佚殆尽，只留下一些不成体系的书册。即使如此，仍有人在知晓李清照与赵明诚金石大家的身份后，打起了李清照的主意。

在丢失了最后一部分珍贵的文物后，李清照很受打击，看着手中剩余的不成体系、版本普通的书册，她长久地沉浸在悲痛压抑之中。乱世下，一直颠沛流离的生活，时刻紧绷的神经，严重影响了李清照的健康。绍兴二年（1132 年），李清照来到杭州投奔弟弟李迒。这时李清照的身体状况非常糟糕，李清照在写给綦崇礼的信中描述自己的病情：“近因疾病，欲至膏肓，牛蚁不分，灰钉已具。”她已然是病重到神志不清，家人已为她准备后事的程度了。

李迒衣不解带地照顾姐姐，李清照的病情慢慢好转起来。在此时，有一个叫张汝舟的低级官吏出现在姐弟二人面前。

张汝舟，官任右承奉郎监诸军审计司，“承奉郎”为阶官，表示其品级为从八品，前面的“右”字表示没有进士出身的人居官；“监诸军审计司”为差遣，表示其实际职务，具体的工作主要是负责检查核准军队粮草与俸禄，官职低微，但责任重大。张汝舟为人巧舌如簧，他以仰慕李清照才气之名，接近李氏姐弟，对病中的李清照嘘寒问暖，渐渐获得李家姐弟的信任。

李迒则被张汝舟的职位所迷惑。张汝舟虽然只是个小吏，但是他的职责非常重要，核对官员俸禄和粮草，需要既细心又谨守原则。李迒发现此人虽政绩平平，但也没有违规之处，因此他觉得此人虽平庸了一些，但德行应是不亏的。张汝舟对李清照的悉心照顾，李迒也看在眼里，他亦以为张汝舟也是仰慕姐姐的才华而来。姐夫已过世三年，姐姐守孝期满，可以再嫁。李迒觉得张汝舟能照顾好姐姐。因此当媒人前来替张汝舟提亲时，李迒是同意的，并且为张汝舟说了好话。

而李清照则是因为在病中，身心皆很脆弱，张汝舟乘虚而入，表现出一副呵护备至的样子。李清照也清楚，自己终是不能将后半生依附于弟弟，寻一良人再嫁则是当时最好的选择。因此当弟弟李迒带来媒人的婚帖后，李清照妥协了。

但是出乎李家姐弟意料的是张汝舟在婚后很快就暴露出自己的本性。他求娶李清照的根本原因是听说李清照与赵明诚收集了无数金石之物，虽然他并不懂得金石之学，却晓得这些都是值钱的玩意儿。如今李清照寡居，如果他娶了李清照，那这些金石之物岂不都属于他了？他如意算盘打得很好，却不料李、赵二人收集的金石文物早在战火中损毁，如今留下的不过九牛一毛。而即使这样，当他向李清照索取时，也遭到了拒绝。

恼羞成怒的张汝舟对李清照恶语相向，拳脚相加。李清照即使在乱世中流亡，即使奔逃于乱军之中，也未曾受此侮辱与伤害。充满傲气与锐气的李清照断然决定与张汝舟解除婚姻关系。张汝舟当然不肯，金石文物还未到手，他不甘心。他威胁李清照不要提出离婚，他以为李清照为了名声会答应他的无理要求，忍气吞声。而李迒官职虽比他高，却并无实权，拿他亦无可奈何。却不料，李清照并不是任人揉捏的弱女子，她宁愿与张汝舟玉石俱焚，也不可能和他妥协。愤怒的李清照把张汝舟告上公堂。

在宋代，夫妻离异常见的有三种情况：义绝、休妻、和离。义绝，即恩断义绝，指夫妻间或夫妻双方亲属间或夫妻一方对他方亲属若有殴、骂、杀、伤、奸等行为，就视为夫妻恩断义绝，不论对方是否同意，均由官府审断，强制离异。而休妻、和离，则只能是男方主动提出，女方提出是无效的。除这三种形式外，还有一些特殊情况女性可主动解除夫妻关系，比如因丈夫犯法，或因丈夫患病不堪生活，妻子可以提出离婚。“丈夫外出三年不归者，其妻可改嫁。”

张汝舟以律令为依据，既不休妻也不和离。李清照想离婚只能是符合后三种特殊情况。张汝舟既未生病，也不可能离家三年不归，所以李清照只能利用第一种特殊情况离婚。刚刚成婚时，张汝舟因得意忘形，向李清照炫耀自己以“妄增举数”这种非法手段获得官职的事情，以此来证明自己的“聪明才智”。“妄增举数入官”涉及宋代的科举制。在宋代，参加科举考试也是一种累积资历的办法，为了安慰和鼓励读书人，举子参加科举的次数到达一定数目后，也可以被授予官职，只是官阶低微而已。

张汝舟早年谎报自己参加科举的次数，以此获得官职。他和李清照说此事，并不是出于夫妻之间的信任，而是为了炫耀自己投机取巧的能力。

李清照一生中遇到的人都是有真才实学之辈，都是靠自身的能力考取科举，进士及第，而像张汝舟这种以“妄增举数入官”的人她还是第一次见到。这人不以为耻反以为荣的样子更是令李清照吃惊与反感。张汝舟把这件事告诉李清照也并不担心她会用此事对付自己，《宋刑统》规定：“诸告周亲尊长、外祖父母、夫、夫之祖父母，虽得实，徒二年。”意思就是晚辈状告长辈、妻子状告丈夫，即使属实，也要接受两年徒刑。正当张汝舟自以为得计之时，李清照却出乎所有人意料地把张汝舟告上公堂，揭发他“妄增举数入官”。

这件事因为李清照的身份而闹得沸沸扬扬，最后竟惊动了宋高宗。宋高宗下旨彻查，查明李清照并非诬告，于是张汝舟被褫夺功名，流放至广西柳州。《建炎以来系年要录》中记载——“右承奉郎、监诸军审计司张汝舟属吏，以汝舟妻李氏讼其妄增举数入官也。其后有司当汝舟私罪徒，诏除名，柳州编管”。

结合宋代法律和李清照写给綦崇礼的信可以看出当时李清照有多难堪。她因以妻告夫而被投入狱中，与张汝舟对簿公堂时都是身戴镣铐，以罪人身份出现。这于李清照而言是莫大的羞辱。虽然后来查明事情属实，但李清照依然要被判两年徒刑。此时，对她伸出援手的只有綦崇礼。

綦崇礼字叔厚，是深受高宗信任的臣子。《宋史·綦崇礼传》中评价他“为人不高傲，能容众，廉俭寡欲，端方亮直，不惮强御”。他是赵明诚的远房亲戚，与李清照夫妇并无太深交往。但他欣赏李清照的才华，敬佩其为人，才利用自己与高宗的关系为李清照求情，让高宗特赦了李清照，使其免于牢狱之灾。

李清照事后特意给綦崇礼写了一封信——《投翰林学士綦崇礼启》，后世简称《投启》。在信中她饱含感激地说：“哀怜无告，虽未解骖；感戴鸿恩，如真出己。故兹白首，得免丹书。”信中她对綦崇礼让她晚年免于牢狱之灾充满了感激之情。①

在李清照的这段经历中，很多学者都提及秦桧。秦桧与李清照从关系上来论，是比綦崇礼更为亲近的亲戚。秦桧之妻与李清照之母同出于宰

①［宋］李清照著，徐培均笺注，《李清照集笺注》，上海古籍出版社，2002年4月第1版，第282页。

相王珪的家族，李清照之母是秦桧之妻的姑母，李清照与秦桧之妻虽然并非同出一房，却是关系更为亲密的表姐妹。李清照长秦桧六岁，秦桧是她的表妹夫。但在李清照的自述中，在同时期的历史记载中，都没有发现李清照与秦桧的任何来往。而在李清照第二段婚姻中，有学者认为李清照得以脱离牢狱之灾，与秦桧有一定关系，指出虽然秦桧并不一定直接帮助李清照，但李清照与秦桧的亲戚关系也可为这段官司带来积极的影响。依常理得出此种结论是非常正常的，但是当时的情况是秦桧正处于风口浪尖。绍兴二年（1132 年）七月，朝廷废除了秦桧力主设立的修政局，并罢免了秦桧的心腹；八月，高宗召綦崇礼入宫奏对。帝曰：“桧言‘南人归南，北人归北。朕北人，将安归?’桧又言：‘为相数月，可耸动天下，今无闻。’”崇礼即以上意载训辞，播告中外，人始知桧之奸。龟年等论桧不已，诏落职，榜朝堂，示不复用。吕颐浩自镇江都督府还朝就是为了谋划赶走秦桧。这一年，秦桧受到各方面的质疑与攻击，其中最沉重的打击就是来自高宗。到了八月，他被罢相，高宗诏告天下对秦桧永不复用。这时，秦桧的权势似乎并不能给李清照带来什么实际的好处。而以李清照的为人，她对主降派一向鄙视，更不可能向人宣扬她与秦桧的关系，借此捞得好处。因此，在这场再嫁的风波里，无论从什么角度来看，李清照得脱牢狱之灾都与秦桧无关。

关于这次再嫁，几乎无人以同情的态度来看待，更多的人则是持批评的态度。胡仔《苕溪渔隐丛话》中的《丽人杂记》撰于绍兴十八年（1148 年），其中记载："（李）易安再适张汝舟，未几反目。"王灼的《碧鸡漫志》成书于绍兴十九年（1149 年），记录李清照"再嫁某氏，讼而离之，晚节流荡无归"。朱彧在《萍洲可谈》卷中云："（李清照）不终晚节，流落以死。"洪适给赵明诚的《金石录》作的跋中云："赵君无嗣，李又更嫁。"这些记载与评论出现时，李清照仍健在，这些批评之词尖锐刻薄，若是换作其他女子可能早已无地自容，甚至无颜见人，但李清照坚强面对，毫无畏惧。她在《投启》结尾说了这样一番话：

> 清照敢不省过知惭，扪心识愧。责全责智，已难逃万世之讥；败德败名，何以见中朝之士。虽南山之竹，岂能穷多口之谈；惟

> 智者之言，可以止无根之谤。
>
> 高鹏尺鷃，本异升沉；火鼠冰蚕，难同嗜好。达人共悉，童子皆知。愿赐品题，与加湔洗。誓当布衣蔬食，温故知新。再见江山，依旧一瓶一钵；重归畎亩，更须三沐三薰。

这段话，表面虽然是说李清照觉得自己很惭愧，实际是她已有充分的心理准备面对当时及后世人的指责——说她失节，说她晚节不保。但是李清照并不是畏惧流言蜚语的人，她从小到大都不曾消失的锐气与傲气，足以让她面对所有的指责。虽说“智者之言，可以止无根之谤”，但李清照有勇气也有能力做自己，再见时，仍是那个冰雪聪明、锐气逼人的易安居士。

第七章 人去玉楼空

寄情考订

经过与张汝舟婚变一事后，李清照完全放弃了再嫁的念头，她寄居于杭州的弟弟处，把全部精力投入到对《金石录》的整理与校勘之中。赵明诚在世时，《金石录》已基本完成，赵明诚写过一篇《〈金石录〉序》，徽宗政和七年（1117 年）赵明诚又请河间刘跂为《金石录》前三十卷撰序，题为《〈金石录〉后序》，于是年九月完成。李清照从绍兴二年（1132 年）开始了长达十年之久的修订工作，并于绍兴四年（1134 年）又为《金石录》撰写了一篇序，与刘跂的序同称为《〈金石录〉后序》。但李清照的《后序》带有明显的悼亡之意。序中情意切切，从初嫁时写起，新婚中点点滴滴的幸福往事历历在目，再到屏居青州，夫唱妇随收集整理金石资料，既是夫妻又是知己。随后便是南下逃难江宁，赵明诚病故，李清照独身辗转于乱世之中，如何眼睁睁看着绝大部分文物烟消云散。这篇《后序》有别于赵、刘二人学术性较强的序跋，这是李清照对赵明诚的思念与眷恋。结尾处："今日忽阅此书，如见故人。因忆侯在东莱静治堂，装卷初就，芸签缥带，束十卷作一帙。每日晚，更散，辄校勘二卷，跋题一卷。此二千卷，有题跋者五百二卷耳。今手泽如新，而墓木已拱，悲夫!"① 如泣如诉，见者无不唏嘘，伤悲难以自已。

李清照在杭州度过两年难得的安稳生活，绍兴四年（1134 年）九月，金人与伪齐合兵分道进犯杭州等地；十月，宋高宗决定御驾亲征，前往平江府（苏州）。同月，李清照逃往金华避难。韩世忠与金军打游击战，在大仪镇打败金人。这场仗打了两个月，十二月金人退兵，局势稍稍稳定

①［宋］赵明诚著，刘晓东、崔燕南点校，《金石录》，齐鲁书社，2009 年 4 月第 1 版，第 259 页。

了一些。这次金军南侵并未占到便宜，南宋军队经过几年的不断征战，战斗力已有所提升，更有几位抗金名将让金人头疼不已。宋高宗也没有一味地逃跑，还有余力处理国家政务。

绍兴五年（1135 年）五月三日，高宗的诏令传到金华，“诏令婺州取索故直龙图阁赵明诚家藏《哲宗皇帝实录》缴进”。《哲宗皇帝实录》由蔡京主持编写，其背景是徽宗时期大兴党狱、清算元祐党人之事，其中自然有褒贬颠倒、轻重失伦等诸多问题。李清照的公公赵挺之参与了修订，利用职务之便将《哲宗皇帝实录》抄了出来，传给赵明诚。这部书一直被李清照贴身携带，这才于乱世之中得以保存。在绍兴四年（1134 年）时，宋高宗清算前朝政治错误，寻找到六个“奸党”，为其父兄开脱。这六个人分别是蔡京、王黼、童贯、梁师成、朱勔、李邦彦，基本都是宋徽宗时期重要的大臣。高宗认为这六个人贪赃枉法、横行霸道，弄得民不聊生，是导致当时江南方腊起义和金朝入侵中原的罪魁祸首。由于《哲宗皇帝实录》是蔡京主编的，那么书中当然也就“皆是奸党私意”。朝廷严令此书不能扩散出去，窃窥、私藏都是犯法的。李清照的公公赵挺之也参与了编修，于是严令赵家缴进（上缴）此书。这部书只有一部孤本，保存在李清照手中。这部为哲宗皇帝修撰的实录有近200卷的篇幅，其规模和体量十分庞大，实难想象李清照是如何于兵荒马乱、辗转流离中将其保存下来的。这部实录虽然有众多不实之处，但为历史文献，它叙典章，述文献，次第先后，却大致能保存真相，具有关系国史存亡、斯文绝续的意义，对后世修史有重要的参考价值。

李清照将此书交给朝廷后，很快便再次回到杭州，从此再未离开过杭州，全力以赴整理、校勘《金石录》。《金石录》经过十年的修订终于定稿，绍兴十三年（1143年）前后，李清照将《金石录》表进于朝廷。《金石录》著录从上古三代至隋唐五代以来，钟鼎彝器的铭文款识和碑铭墓志等石刻文字，考订精核，评论独具卓识，是中国最早的金石目录和研究专著之一。这部书虽为赵明诚所撰，但书中所录都是他们夫妇倾力收藏的结晶，李清照带着它千里辗转，并在绍兴年间对它进行了最后的笔削整理，上表朝廷，刊行于世。

清代学者王世祯把《金石录》看作是赵明诚和李清照的合著也是符合事实的。

金石之学是把李、赵二人联结起来的桥梁，是李清照对赵明诚思念的寄托。只有当她沉醉于金石研究中，才能暂时忘却对亡夫的思念。李清照对金石学的痴迷不仅是出于个人兴趣，也是为了把赵明诚的喜好延续下去。绍兴十九年（1149年），已经66岁的李清照听闻米芾的儿子，南宋著名书法家米友仁在杭州，便携带着米芾的墨迹前后两次去拜谒米友仁，请他为其父的两幅字帖题跋。米友仁见李清照如此重视自己父亲的字帖也非常感动，慨然应允。有了米友仁的题跋，这两幅字帖的真实性就有了保证，对文物鉴定具有关键意义。李清照并非贪图米友仁的题跋能提高两幅字帖的价值，而是出于对金石学的热爱与执着，希望每一件藏品都完美无瑕，这也是对赵明诚最好的怀念。

唯国是爱

李清照虽然投身到对《金石录》的修订中，但对国家与时局的关注并没有因之而减少。她已不再是靖康之变前只知金石之学的官家贵妇，金军的步步紧逼，南宋朝廷的频频退让，都牵动着李清照的心。

绍兴三年（1133 年）五月，朝廷派遣同签枢密院事、吏部侍郎韩肖胄为通问使，给事中胡松年以试工部尚书身份任使金副使前往金国，探望被金人囚禁在北方的宋徽宗赵佶、宋钦宗赵桓。韩肖胄的曾祖父韩琦曾在宋仁宗、英宗、神宗三朝为宰相，祖父韩忠彦是宋徽宗时期的宰相。李清照的祖父、父亲两代人都曾得到他们的赏识与提携，故谓出其门下。这次韩肖胄与胡松年出使金国，是朝廷上下的一件大事，思念故土的李清照对于这件事情非常关注，即使抱恙在身仍振奋精神，挥笔写下《上枢密韩公、工部尚书胡公》为二人送行。

李清照盛赞了韩肖胄无所畏惧、大公无私的精神。韩肖胄出使金国之前和高宗说议和不过是权宜之计，洗刷靖康之耻，收复中原国土才是最终目标。而他二人去后，如果半年未归，就说明金人另有图谋，韩肖胄让宋高宗届时速速进军北方，千万不可因他们滞留在金国而投鼠忌器。韩、胡二人是做好迎接死亡的准备出使金国的。韩肖胄出使前与母亲辞行，韩母则要他勿以自己为念，只需勇于前行，报效朝廷就是。“身为百夫特，行足万人师”①，是李清照对韩肖胄的敬佩与赞许。

诗中还对胡松年的品德进行了赞颂。国难当头，胡松年作为使者肩负朝廷使命，舍生忘死，“车声辚辚马萧萧，壮士懦夫俱感泣”。②

这两位使者没有辜负李清照的赞誉与期望，在出使金国之时，不卑不亢，既维护了南宋朝廷的尊严，又保证了两国暂时的和平不被打破。

李清照在诗的最后写道：“欲将血泪寄山河，去洒东山一抔土。”这两句颇有建安之风，很难想象是出自一介女流之手。李清照自始至终都不是主和派，她虽是一名女子，却心怀故国，希望有朝一日能重返家园。在这一点上，她远胜当时南宋朝廷中的大多数须眉。诗中她仍延续着年轻时代就有的锐气，虽屡经磨难却毫无衰减，在主和

---

①［宋］李清照著，徐培均笺注，《李清照集笺注》，上海古籍出版社，2002 年 4 月第 1 版，第 221 页。

②［宋］李清照著，徐培均笺注，《李清照集笺注》，上海古籍出版社，2002 年 4 月第 1 版，第 221 页。

派大权得握的时局中，她敢写出这样的诗，也正是由这股锐气所支撑的。

魂兮归去

李清照虽没有亲生子嗣，但她对晚辈们仍是关心备至，愿把自己的一生所学都教于后人。这其中既有她本家侄、孙，也有她收的异姓女弟子。她教导晚辈弟子不管做什么事情，既要靠聪明才智，更要具备专心致志的精神。她擅长旁征博引，通过各种具体的故事，如庖丁解牛、郢人运斤、师旷之听、离娄之视、尧舜之仁、桀纣之恶等来进行教学，同时还寓教于乐，以棋盘为一方世界，能通过博弈来说时事道理。

李清照的教育理念与方法是非常先进而有效的，可惜她却始终找不到一个能全心全意和她学习、继承她学识的徒弟。终于在她晚年之时遇到了一位聪慧温婉、进退有据的孙姓少女。李清照的邻居孙综是个七品小官，其曾祖父孙沔曾当过观文殿学士、户部侍郎，祖父和父亲也都在朝中做过官，也算是书香门第。孙综有一个十余岁的女儿，她常到李清照家来玩儿。李清照看到她的才气与灵秀，仿佛看到当年的自己，心中非常喜欢，便想收她为弟子，欲将所学全部传给孙小姐。然而出乎李清照意料的是，当她说出自己的意图时，年仅十余岁的孙小姐却连连摆手，极力婉拒，表示“才藻非女子事也”。这对李清照是一记重击，她从未想过，自己引以为傲的才学却是别人畏如洪水猛兽之物，是自己太疯狂还是这个世界太愚昧？从此李清照便再不提收徒之事，任由自己一身才学被湮没于历史长河之中。南宋著名诗人陆游与这位孙小姐有表亲关系，在孙小姐过世后为她撰写了墓志铭，对这段历史进行记载——“夫人幼有淑质，故赵建康明诚之配李氏，以文辞名家，欲以其学传夫人，时夫人始十余岁，谢不可，曰：‘才藻非女子事也。’”

绍兴二十五年（1155 年），李清照静静地离开了人世。她的后事是如何处理的并没有记载，也许她留在了西子湖畔，与远在建康的丈夫遥遥相望，或许已魂归故里，成为大明湖畔的藕神。

李清照是孤独的，因为她不可复制，在那个时代也鲜少有能理解她的人。她是幸运的，她遇到了一位愿意培养她、乐意鼓励她的父亲，遇到了一位在金石领域能携手同行的伴侣；她又是不幸的，她从年轻时遭遇党争，到中年时国破家亡，到晚年时孤苦伶仃，空有一身才华，却换不来一世安宁。李清照不属于某一个时代，她的才情流淌在历史之中。李清照用一生诠释了何谓天意弄人，但她的锐利与洒脱又让她能无惧困苦，“来相召、香车宝马，谢他酒朋诗侣”，乘兴而来，尽兴而去。